BDSM, Prácticas Sexuales y Parafilias

Al Albor de "las Sombras De Grey"

de Ana E.Venegas

ISBN-13: 978-1502507617

ISBN-10: 1502507617

Código: 1409222073899 en **Safecreative**

Ana Eugenia Venegas Moreno es una ciudadana del mundo que presume de sus orígenes gaditanos. Nació en un paraje excepcional, en Ubrique, la intersección del Parque Natural de la Sierra de Grazalema y el de los Alcornocales. Ha pasado media vida viviendo en todos los extremos de nuestra querida España, disfrutando las distintas tradiciones y desde hace dieciocho años está afincada en Marbella por elección propia.

Es Filóloga, Educadora Social y sus escritos están irremediablemente llenos de sus vivencias sociales y culturales. Autora de la colección de relatos "Quimera Bipolar" ha demostrado ser una mujer comprometida con la diversidad y el sentido del humor. La primera vez que publicó lo hizo con un guión para teatro en el periódico su del Instituto y posteriormente ha colaborado en varias antologías de relatos y microrrelatos así como en otras publicaciones periódicas como la Revista CURSAM. Colabora con Onda Cero Marbella. Es una lectora empedernida, crítica literaria, conferenciante y notario de la actualidad. Su avidez cultural queda expuesta en sus más de mil cien artículos publicados en su blog visitado alrededor de 300.000 veces.

http://anaevenegaseducadorasocial.blogspot.com.es/

anaevenegas@gmail.com

Índice

Introducción

Una mujer llega a casa, oye ruidos extraños en el salón, piensa que debe ser su hija acompañada de su novio, se adentra sigilosamente para no ser notada, quiere ver lo que no quiere saber, sospecha que a su "pequeña" le pasa algo, que le oculta algo, ha pensado que puede estar drogándose, aunque, luego se alimenta con mucho sentido de la salud y hace ejercicio, no le cuenta qué hace, tiene una maleta cerrada con un candado en el altillo del vestidor, desaparece los fines de semana y no dice donde va, se enfada cuando se le pregunta, a veces aparece con morados en las muñecas.

Se decide a abrir la puerta y el espectáculo que se encuentra supera los límites de su intelecto, la joven está en el suelo, desnuda, atada con una cuerda blanca, las muñecas, los tobillos, unidos, en una postura arqueada hacia atrás de forma antinatural, la boca está amordazada con un "bocado de caballo", babea como un animal, un hombre con un pantalón de cuero negro, cinchas y capucha la golpea con una fusta en el pecho.

La progenitora agarra el paraguas que se encuentra en el recibidor y golpea desesperada al "maltratador", la hija bufa cual yegua por los resquicios de su mordaza. El hombre se quita la capucha e intenta tranquilizarla. Ella no lo oye, no entiende lo que le dice, es presa de la confusión. Finalmente le quita la impedimenta a la chica que grita que no es un abuso, que no la está maltratando, que ella quiere que la azoten, que todo está refrendado en un contrato....

8

Esta mujer, aterrorizada con la vida de su hija, se decide buscar ayuda... De ahí parte mi inquietud por el tema, por lo que me propongo investigar y reflexionar sobre el BDSM — Bondage, Domination, Sadism, Submission, Masoquism— y otras parafilias, con la colaboración de personal médico, psicólogos, orientadores, sexólogos, profesionales del sexo, practicantes, consultores familiares, expertos en leyes, policías, escritores y un maestro en filosofía tántrica.

He tratado de contemplar este fenómeno desde todos los ángulos, incluso desde la creación narrativa. Las opiniones de los diferentes colaboradores se expresan tal cual en la mayoría de las ocasiones, al menos en esencia, se trata de comprender el tema no de crear dos bandos antitéticos ni criminalizar a nadie. He incluido comentarios de personas preocupadas por las consecuencias físicas, psíquicas y por los derechos de los participantes a estos eventos; y también de profesionales y adeptos que tienen argumentos para respetarlos, respaldarlos e investigarlos. En mi opinión, no son excluyentes.

Admito que lo primero que pensé cuando recibí este reto, es que era una absoluta analfabeta estructural en el tema, no sabía ni a qué se refería con las citadas siglas, "sado-maso", eso sí, pero sólo de oídas y la imagen mental que tenía de ello era una señora terrible, con cueros, que se divierte subida a caballito sobre un pobre hombre, o peor aún, la imagen de hombres poderosos que disfrutan introduciendo objetos por todos los agujeros posibles de una mujer, con consecuencia de muerte, como en los famosos asesinatos múltiples del Levante español.

Cuando lo comenté con Alejandro Pedregosa, el escritor, me

confesó tener la misma información que yo, sabía lo que se oye como anécdota, añadió que sería difícil dilucidar cuándo una persona es humillada por su gusto o por obligación y que suponía que todo lo que se hiciera de mutuo acuerdo formaría parte de la libertad sexual de cada uno, finalmente me dejó una frase envenenada, de esas que te hacen reflexionar:

—De hecho, alguien con sobredosis de liberalismo puede pensar que se le están conculcando sus derechos. (¡Me gusta que me azoten y tengo derecho a ello!).

Capítulo I: ¿Qué es el BDSM?

El BDSM también conocido como RACK, Risk Aware Concentual Kink, engloba una serie de parafilias: Bondage-vendajes, Dominación, S-sadismo-sumisión, M-masoquismo. Estas siglas se refieren a relaciones y prácticas sexuales consideradas extremas, en las que se consigue un plus de excitación provocando descargas químicas propias de otras conductas humanas, como la adrenalina que el cuerpo fabrica para atender situaciones de peligro, mediante roles de fetichismo, sadismo, dominación, sumisión y masoquismo, no siempre de contacto físico, la tensión psicosexual es muy apreciada.

Según Regina Roman, escritora e investigadora del tema como documentación de su libro "Gato Por Liebre", sobre el abuso psicológico en parejas, "la presencia de estas sustancias químicas produce orgasmos de una intensidad superior a la media". Es obvio que la repetida utilización de estas prácticas dé como resultado la dificultad de encontrar el aliciente en las relaciones "vainilla", según la jerga de los iniciáticos al albur de la "Cincuenta Sombras de Grey", las del "misionero y el perrito", al igual que sucede con el uso de otras sustancias químicas, un adicto a la cocaína no consigue sacar aliciente a la vida sin su droga, puesto que estas excitaciones tienen que ver con la química del cuerpo, el cerebro será modificado y necesitará más para conseguir los niveles de la primera vez.

Os ilustro con un vídeo que he encontrado en la red sobre prácticas BDSM, las imágenes son fuertes y explícitas aunque no son imprescindibles para entender el tema, así que si no estáis preparados o preparadas, u os parece de mal gusto, mejor no lo veais:

http://www.videosbondage.com/video/99/jovencita-sometida-a-un-doloroso-castigo-bdsm/

La metodología es diversa. Se utilizan vendajes o cordajes para atar, bocados como los de los caballos, con una bola para amordazar, potros de tortura, poleas para colgar, distintos instrumentos para introducir por los diversos agujeros, objetos de fustigar, varas y/o látigos, ropa interior de cuero, botas altas, pinzas para los pezones, tacones inquietantes o piercings para poder colgar o tirar de ellos. Repito, en muchas ocasiones ni siquiera hay contacto físico, el placer viene de la excitación que produce someter y ser sometido, a veces alternativamente.

En otros momentos se disfruta infligiendo castigo humillante, ordenando situaciones denigrantes como lamer los zapatos del amo o caminar a cuatro patas atados por el cuello como un animal, el amo puede tener un esclavo o esclava, e incluso varios a la vez. Al parecer la generalidad está de acuerdo en que estas situaciones teatralizadas podrían ser aceptadas al margen del buen gusto, sin embargo, el empleo del sadismo y masoquismo sensu estricto es más difícil de digerir. El Doctor José Luis Rodríguez Pineda opina que "el Sadomasoquismo es una aberración o alteración de la Sexualidad que puede provocar lesiones y enfermedad, por lo que no es saludable (Veánse imágenes en internet de heridas y morados, busquen BDSM y seleccionen las imágenes, latigazos marcados, pechos morados, traseros descarnados etc.). En mi opinión como persona y como Médico de Familia, el Sadomasoquismo es un comportamiento patológico de la Sexualidad, siempre que se realice en exclusividad y abandono total de las relaciones sexuales consideras como más normales. Será una opción para esas 'personas especiales' que no consiguen una satisfacción o lívido suficiente con una sexualidad sana y más generalizada".

El sadismo es la obtención de placer al realizar actos de crueldad o dominio. Este disfrute puede ser de naturaleza sexual o no y consensuada o no. Su antónimo y complemento potencial es el masoquismo que consiste en la obtención de placer al ser víctima de actos de crueldad o dominio. Este disfrute también puede ser sexual o asexual. La característica fundamental que lo distingue de otros tipos de sumisión es la algolagnia, esto es, la satisfacción obtenida sufriendo dolor físico o psíquico en distintos grados.

El nombre "sado-masoquismo" deriva del filósofo y escritor Marqués de Sade autor de algunos libros que describen prácticas sexuales no convencionales, con protagonistas antihéroes, capaces de las más aberrantes violaciones, crueldad, violencia y otras parafilias. Protegido bajo una capa de ateísmo y cinismo, justifica sus actos extremos, venciendo el vicio sobre la virtud. En realidad el marqués de Sade se pasó gran parte de su vida en la cárcel por escribir obras como "Los Crímenes del Amor" o " Aline y Valcour" y sus delitos fueron más creación literaria que ejercicio sexual.

En las prácticas BDSM se realizan distintas subdisciplinas, por llamarlo de alguna manera, como los fetiches, el spanking o el bondage:

-El fetichismo está referido a un objeto en particular que eleva la excitación y ayuda o conduce al orgasmo. Medias, botas, tacones de aguja, boxers, tangas, prendas de latex, ligueros, orejas y cola de peluche, cuero, pies, manos etc.

-El spanking, abofeteo, es el castigo escenificando que tu madre te pega en el culo por ser un nene malo. "Belle de Jour", por supuesto un pseudónimo, trabajadora del sexo en Puerto Banús, nos ha manifestado que una gran cantidad de clientes, sobre todo nórdicos, pagan doscientos euros por atrincherarse en un armario mientras ella les urge a salir amenazándolos con darles una "tunda", mientras ellos gritan con voz plañidera desde el interior — ¡No, mamá no, yo voy a ser bueno!— ya la sola idea de que los castiguen les resulta satisfactoria como para pagar por ello. Parece un trabajo fácil, la cuestión es si estos clientes sufren alguna disfuncionalidad y por ese motivo disfrutan con esta práctica, probablemente, yo lo derivaría a un buen psicólogo, uno de los colaboradores de ésta investigación, José Miguel Cuevas o Antonio de Dios. Pero, ¿sería necesario? Analizándolo, es imprescindible si esta persona se siente infeliz, le crea problemas morales o hace daño a otro, si no es así, si es el mecanismo con que funciona su mente, sus desahogos y su placer, no tenemos potestad para meternos en sus decisiones.

- Y finalmente El bondage que consiste en atar o encordar al sumiso o sumisa con precisión de marinero, realizando determinados nudos, agarres, que además de cumplir el propósito de mantener inmovilizada a la persona, resalte determinadas partes del cuerpo como los genitales.

A lo largo de estas páginas hablaremos en varias ocasiones de las parafilias", palabra de origen griego, "para" que significa "al margen de" y "filia" amor. Si lo consideramos en su sentido literal, es toda la práctica sexual que esté al margen del amor. Sin embargo, lo que está aceptado o no en las relaciones amorosas, es una cuestión cultural que cambia con las épocas, las modas e incluso los grupos sociales. De hecho hoy en día la masturbación o el sexo oral están considerados prácticas comunes, mientras que hasta mediados del siglo XX estaban identificadas como "perversiones", así se recogían en el DSM de psiquiatría hasta 1987. En la actualidad se consideran parafilias principalmente el sadismo, el masoquismo, el exhibicionismo, el voyerismo, la zoofilia, la coprofilia, la necrofilia, el fetichismo y el frotismo.

Capítulo II: Testimonio Real

Nos habíamos citado con Marina, una sumisa muy fetichista, de 28 años un poco azorada por la situación, le gusta salir de copas de vez en cuando y aún no ha encontrado un amo fijo.

.Le pedimos que nos hablara de alguna de sus sesiones BDSM

—Tuve varias sesiones interesantes, no necesariamente las más largas son las mejores — se carcajea —pero, a ver, te cuento una de las primeras...Mi amo me pidió que fuese a su casa a una hora determinada, llegué 10 minutos tarde, él ya tenía preparadas las sogas, pero como me demoré tuvo que castigarme, me mandó a limpiar la alfombra desnuda, en una posición bastante incómoda: piernas estiradas y culo en "pompa", el cuerpo y la cabeza mirando al suelo, sosteniéndome sólo con las manos. Así estuve por lo menos 20 minutos, dolía y gustaba, él sólo me miraba, sentado en una silla y me recordaba lo mal que me había portado. Me puso a cien.

.Nos preocupamos por su físico, por si le dolió, por si no pensó en dejarlo e irse a casa.

—Era lo que mi amo quería. No puedo desobedecer — se ríe— ¡si no, no tiene sentido!

.Nos interesamos por la soga y el Bondage:

—Sí, así se le dice, Bondage. Mi amo particularmente no era muy fan de demasiados nudos, pero sí me ató a la cama.

.Habíamos leído en una web que un dominador había dejado a una sumisa más de un día atada a una cama, esta mujer acabó en un hospital, ¿podría pasarle a ella?

— En realidad esas son pautas que se tienen o no a la hora de establecer reglas. Nadie nace sabiendo qué le gusta a alguien. La comunicación es fundamental y se presta a confusión, esto del BDSM es consensuado por todas las partes, ya sean dos u ocho. Yo no conozco ese caso pero por ejemplo, un día me ataron, amordazaron y se fueron de la habitación. Después escuché ruidos en la casa, alguien vino de visita, mi amo fue a atenderlo y yo estuve sola e inmobilizada hasta que se fueron.

.La interrogamos por sus sensaciones, cómo se sentía atada y sabiendo que había gente al margen de la práctica fuera, en actividades sociales.

—Es parecido a lo que se siente cuando estás "haciendo el amor" y sabes que alguien puede entrar en la habitación en cualquier momento. También me excita pensar que me pueden venir a penetrar, así, en seco, e irse a seguir charlando con quien esté tomando un café en su cocina. Soy suya y me usa cuando quiere, no controlo nada, no decido nada –se ríe –en seco, a veces hay un tipo de lubricación previa, como saliva, para que sea más fácil la penetración, es bastante placentero.

.Sugerimos que funcionaba como el aprendizaje conductual de premios y castigos, si llegas tarde, te castigan.

—Los castigos son parte de las sesiones, para el disfrute de los dos. No siempre es como entrenar un perrito — ríe—. Aquí no hay juicio y castigo, el juego es otro. Mi último amo tenía fijación por mis pezones. Tuve pinzas en los pezones mientras él se masturbaba con una mano y me tiraba del pezón con otra.

.¿Hubo algún castigo que le hizo dudar, alguno intolerable?

—Una vez mi amo quiso prostituirme y paré la sesión. Era algo que no habíamos pactado previamente. Porque no lo habíamos hablado. Cuando se involucra a otra persona a la sesión me gusta saberlo con anticipación. Además estaba iniciándome en esto. Hoy por hoy sí lo haría, si es lo que él desea y le excita, sí. A mí me pone como loca que él esté complacido. Siempre y cuando se respeten las reglas. Es como que vas creciendo dentro de esto, no es fácil abrir la mente. Las reglas sirven para protegerte y si se incumplen puedes reaccionar. Tenemos códigos para eso. Yo digo algo como "hay sol" y él tiene que parar, sí o sí. En eso consiste ser un buen amo.

.Nos interesamos por su pérdida de libertades, si debe pedir permiso para hacer actividades, como hablar con nosotros.

—Si tuviera amo lo más seguro sería que te invitara a una sesión — ríe de nuevo—. Pero sí, debería preguntarle. El juego sigue también después de las sesiones, debo pedir permiso hasta para desatar el orgasmo o no. Una vez acabé sin permiso y mi amo se puso como loco. Tuve que usar un "butt plug" toda una mañana de trabajo— nota mi perplejidad y se explica— es un juguete, como un tapón que va en el ano. Es bastante incómodo sentarse con eso — se troncha—, pero fue una de las cosas más excitantes que he vivido.

.Marina hace más de un año que vive así, para ella es un estilo de vida:

—Es difícil encontrar gente que se enganche con esto, a muchos chicos les parece un juego más, que tiene que terminar con penetración, que tiene un final pero para mí continúa todo el día.

Capítulo III: Normas

En la documentación encontrada en las webs, blogs y otras bibliografías BDSM puedo apreciar que este ejercicio aparece bastante estructurado. Para empezar está sujeto a normas, la principal de todas es que las prácticas deben ser SSC (Seguras, Sensatas y Consensuadas). De hecho, los practicantes hacen un contrato en el que especifican los límites, hasta qué extremo desean llegar, acordando una PALABRA DE SEGURIDAD para suspender el juego, del estilo "water"o "Melisa", de forma que no se confundan con los lamentos y súplicas que forman parte del juego de rol.

Según Regina Roman, el amo tiene que tener como objetivo, cuidar del sumiso como si fuese un inferior que no tiene capacidad de decisión. En la entrevista que mantuvimos las dos coincidimos en que las prácticas libres, adultas y consensuadas de estas personas son lícitas pero en nuestra opinión, de dudoso buen gusto. Y es que como dice Mavi López, consultora familiar de Valora Consulting, ha habido que luchar y se continúa trabajando mucho contra la esclavitud para que ahora nos pongamos a jugar con ella.

Es obvio que los grupos practicantes no trivializan conscientemente y a propósito con la idea del sometimiento y la esclavitud, de hecho si se lo exponemos nos pueden decir que estamos mezclando "churras con merinas", para ellos es una forma de vida elegida y sus sesiones están pactadas y consensuadas. Para que los seguidores del BDSM comprendan la postura contraria me gustaría que recordásemos el escándalo que originó el príncipe Harry de Inglaterra cuando se vistió de oficial nazi. Probablemente fue un juego, un disfraz, no pensó en las consecuencias, pero para una gran cantidad de británicos, resultó una opción desafortunada y de bastante mal gusto.

A continuación os presento un contrato entre un amo y una esclava encontrado en la siguiente web:

http://mazmorrasbdsm.mihost.info/descarregues/contrato.pdf

Contrato de sumisión BDSM

Introducción

Por el presente documento, al que reconozco valor contractual, me entrego plenamente a mi Amo, Dueño, Señor y Maestro y acepto servirle como esclava y sierva por todo el tiempo que él requiera mis servicios. Por este mismo acto renuncio por completo a mi anterior identidad, que repudio, y paso a llamarme "esclava", "zorra", "perra", "puta", o como mi Amo desee llamarme. Es bajo esa nueva identidad que firmo al pie del presente documento, cuyo contenido acepto en su integridad de forma plenamente consciente, sabiendo y aceptando que en cada uno de sus artículos se establecen normas propias de una relación BDSM y que mi condición dentro de este marco de relaciones no será otra que la de una obediente sumisa a merced de los deseos de mi Amo y Señor.

Condiciones

Artículo 1º. Para que pueda ser reconocida como esclava en cualquier momento y en cualquier situación mi Amo y Señor me impondrá una serie de atributos que luciré con orgullo y cuya simple ostentación será para mi fuente de íntima satisfacción. Entre los citados atributos se incluyen tanto los de carácter reversible como los permanentes: collares, anillos, aretes, piercing, tatuajes, etc. Se incluye asimismo la indumentaria que mi Amo y Señor elija para cada momento y situación.

Artículo 2º. Al aceptar mi plena sumisión me obligo a respetar y a acatar permanentemente las decisiones de mi Amo y Señor, a quien entrego libremente el control de mi entendimiento y de mi voluntad, obligándome a obedecerle y a darle placer en todo momento, y confiando ciegamente en su criterio. Reconozco el desagrado que representarán para mi Amo y Señor todos los errores que pueda cometer y asumo todas las culpas, así como las penitencias que necesariamente se derivarán de ellas. Por lo tanto acepto plenamente y de buen grado todos los castigos y correctivos que mi Amo y Señor me imponga con el ánimo de alcanzar la perfecta sumisión.

Artículo 3º. Al entregarme a mi Amo y Señor para realizar mis fantasías de hembra sumisa asumo que mi aprendizaje tiene un costo. En pago del mismo le ofrezco mi cuerpo para que goce de él usándolo y modelándolo a su gusto. Me comprometo asimismo a mantener constantemente una actitud obediente y sensual y a mostrarme atractiva y apetitosa para que mi Amo y Señor obtenga siempre el máximo placer cuando me use.

Artículo 4º. Mi mayor deseo es convertirme en una perfecta esclava a las órdenes de un Amo estricto y severo, sabiendo que ello requerirá un perfeccionamiento constante. Por ello suplico a mi Amo y Señor que me eduque sometiéndome a una disciplina estricta, valiéndose de todos los recursos que juzgue necesarios para domesticarme, incluidos los dolorosos. Le doy las gracias por todos los correctivos que me impondrá para mejorar mis prestaciones y me comprometo a esforzarme por mejorar cada día.

Artículo 5º. Acepto que mi Amo y Señor pueda exhibirme desnuda ante otras personas para completar mi formación. Ante ellas me mostraré en los términos que mi Amo y Señor disponga, asumiendo que, incluso, pueda ser a cara descubierta. También es potestad de mi Amo y Señor castigarme, poseerme y someterme públicamente para gozar de mi plena sumisión. Si mi Amo y Señor decide hacer públicas imágenes de mí (fotografías o videos), en todos mis actos como su esclava, lo consideraré un honor.

Artículo 6º. Para develar ante mi Amo y Señor todos mis pensamientos, buenos y malos, me comprometo a llevar un diario en el que describiré cada una de las pruebas o experiencias a las que sea sometida, así como también mis propias sensaciones, para que mi Amo y Señor las juzgue y me corrija.

Me obligo a mandarle copia de este diario mediante correo electrónico diariamente. Acepto desde ahora que estos relatos puedan ser hecho públicos en cualquier medio, incluso acompañado de imágenes, aunque nunca revelando mi identidad.

Articulo 7º. Deseo ardientemente convertirme en una hembra sumisa para dar a mi Amo y Señor el máximo placer sexual. Para ello vestiré prendas fetichistas de su agrado y me comportaré para él siempre de forma extremadamente insinuante y provocativa, tanto en privado como en público, si él así lo desea. Las nuevas prendas, así como el instrumental necesario para mi disciplina las adquiriré con mi propio dinero, o en su defecto, del que mi Amo y Señor obtenga de mi emputecimiento, alquiler o cesión temporal a terceras personas.

Articulo 8º. Estaré siempre a disposición de mi Amo y Señor para que pueda usarme como, donde y cuando le apetezca. Responderé a sus llamadas con la máxima celeridad y tendré permanentemente preparado mi cuerpo y mi mente, así como las prendas que mi Señor estime obligatorias para permanecer ante él.

Articulo 9º. Deseo que mi esclavitud sea total. Por ello le pido a mi Amo y Señor que además de usarme para obtener placer sexual me considere su criada doméstica para todo tipo de labores. También asumo que pueda formar parte de mis obligaciones participar activamente en fiestas y escenas BDSM, donde sólo obedeceré las ordenes de mi Amo para satisfacerlo ampliamente. Así mismo, asumo también que forme parte de estas obligaciones, la de proporcionar a mi Amo y Señor otras esclavas, tanto para su uso temporal como permanente, e incluso ser considerada como la última de las siervas de sus siervas. Si éste es su deseo, lo satisfaré gustosamente.

Articulo 10º. Confío que, gracias al buen criterio de mi Amo y Señor,

26

pueda llevarse a cabo todo lo establecido en este contrato de sumisión de forma plenamente satisfactoria, continuada y placentera. Si mi Amo y Señor no obtuviese de mí el máximo placer se deberá única y exclusivamente a mi culpa y acepto que como consecuencia me increpe y me castigue.

Y como prueba de aceptación de todo lo estipulado en el presente documento y de mi entrega y sumisión absoluta a mi Amo, dueño, Señor y maestro, me arrodillo hoy ante él, le expreso mi sumisión besando sus pies e inscribo mi nombre de esclava a continuación.

Sepan pues todos cuantos este documento leyeren que esta es la condición que yo he elegido libremente. Acepto

_____ *la perra de mi Amo y Señor*

Capítulo IV: El límite

Según el Médico de Familia Rafael Garófano, estas prácticas deben tener como límite, el dolor, mientras se realicen como una fantasía, una "mise en scène", pueden formar parte de la intimidad sexual de cada persona, sin embargo, el doctor nos advierte que disfrutar de recibir o infringir dolor es disruptivo, el dolor tiene una función específica en el ser humano, advertirnos de que estamos realizando una acción que nos puede dañar y la reacción debe ser separarnos inmediatamente de la fuente que lo causa, como cuando nos quemamos con una sartén y sacamos inmediatamente la mano de ella, así que disfrutar sufriendo o viendo sufrir entra dentro del orden de lo patológico.

El afamado Master Right y escritor de "SM101: A Realistic Introduccion" en sus "Diez Consejos para la mujer novata, soltera, heterosexual y sumisa" hace una reducción de miembros de estas prácticas, dirigiendo su mensaje exclusivamente a mujeres cuyas fantasías reiteradas y obsesivas no permitan tener una vida plena con el sexo convencional y que se preocupen profundamente por cómo conciliar sus deseos de sumisión, humillación, masoquismo con los de mujer emancipada. Está claro que no va dirigido a adolescentes o señoras que hayan leído una novela romántica con escenas de porno blando, como "Las Sombras de Grey" y se hayan sentido atraídas por la idea de que un joven, guapo, rico, le imponga ropa de marca y un deportivo europeo mientras le da con un "whip" (látigo) de ante suave en el culete.

Podría ser la esposa insatisfecha de un cirujano, joven guapo y enamorado que la cuida y le da todos los caprichos, mientras ella da rienda a su sexualidad masoquista, sientiéndose sometida y humillada, trabajando de manera clandestina en una casa de citas. Luis Buñuel en "Belle de Jour" nos presenta un personaje torturado, caprichoso, enrevesado y amoral. Fue protagonizada por una Catherine Deneuve que elevó la película a obra de arte con su interpretación de una mujer que no saca sabor a la vida y busca los límites.

El Master Right advierte que las no iniciadas deben elegir muy bien sus compañías dentro del colectivo, donde lamentablemente se cuelan dominadores sádicos no formados, que pueden hacer mucho daño físico y psíquico. Nos tranquiliza saber que en estos círculos está muy mal visto los que sobrepasan los contratos y las normas, sobre todo por los accidentes que puedan ocurrir al albor de estas prácticas, aunque nos preocupa que no sean perseguidos y denunciados desde el propio colectivo que es el que maneja esa información.

El autor aconseja formarse, mediante lecturas, conferencias, conversaciones con otras sumisas, visitas a tiendas fetichistas, ser reflexiva, mirar con perspectiva, confrontar opiniones, ir despacio y exigirlo, seleccionar los compañeros-compañeras y despreciar la idea de que son una élite, este concepto lleva al aislamiento social y familiar, a ser más vulnerable al abuso psicológico.

Este colectivo es pues, un colectivo de riesgo y habría que analizar cada caso en particular. Para considerar que hay un abuso, la primera condición es que alguno se considere una víctima, esta es la opinión teórica del Psicólogo José M. Cuevas, sin embargo, sigo pensando que la frontera es débil y bajo mi mirada, difícil de delimitar, pues como ajena a este mundo la sola idea de que alguien pueda someter a otro me horroriza. ¿Cuántas mujeres maltratadas nos hemos encontrado que piensan que les pegan por su culpa, porque son unos desastres y no hacen nada bien?

El bien y el Mal

En mis reflexiones, me ha preocupado mucho mantenerme objetiva a la hora de exponer este tema y es que aunque parece claro lo que está bien y mal, no es verdad que lo esté, lo que para mí es motivo de horror, para otras personas es motivo de diversión. De hecho tengo un amigo vasco, de Ondarroa, grandote, extrovertido, bonachón, intelectual leído que siempre me dice —lo que está bien, está bien y lo que está mal, está mal—, el caso es que en la mayoría de cuestiones estamos de acuerdo, coinciden nuestros valores de familia, lealtad, honradez, amor a la gastronomía y las artes. Sin embargo, me dejó fuera de encuadre cuando me confesó que había votado Bildu, eso para mi esquema mental no era "el bien", ¿qué pasa?, ¿puede que otras personas tengan otro concepto y hasta dónde esa diferencia, la mía también, debe ser acometida o no por el bien social?, ¿puede ser que yo esté equivocada cuando me resulta atroz que Sánchez Dragó confiese haber mantenido sexo con menores?, ¿qué es ser menor y mayor?, ¿puede ser que esté equivocado él?, ¿debe intervenir la sociedad a través de las legislaciones?, y es que como dijo el "Guerrita" al conocer que Ortega y Gasset era filósofo: "¡Hay gente pa tó!".

La película de Akira Kurosawa, "Rashômon", nos advierte de que podemos no conocer toda la verdad. Se trata de una misma historia del asesinato de un samurái contada varias veces desde los distintos puntos de vista del asesino, de un testigo, de la esposa de la víctima y del propio samurái a través del cuerpo de un médium. La historia se desarrolla bajo las ruinas de un templo, mientras se produce una lluvia torrencial, cada personaje cuenta su versión del hecho. Este film, aparte de ser una obra de arte, nos lleva a la reflexión y deja lejos a los argumentos tajantes e inamovibles, cada persona aprecia desde su perspectiva física y su bagaje vital, es inevitable, la no valoración de este hecho nos lleva a la incomprensión de nuestros conciudadanos, y su estimación, a la ausencia casi total de certezas.

Para no mantenerme en mi idea de forma inamovible consulté personas que comprendían mejor que yo y mi entorno estas práctica. Juan Carlos Zamora es un estudioso de la Filosofía Tántrica y puso como premisa básica de nuestra conversación, la libertad de cada persona para vivir su vida y su sexualidad como quisiera, siempre que sean actos consensuados por los participantes. Cualquier opción sexual que cumpla esas premisas es pues, lícita, por lo tanto no debe tener ninguna consecuencia psicológica. Para el experto, lo que ha sido perjudicial, ha sido la represión sexual a lo largo de la historia, "es la propia sexualidad reprimida que vivimos, la que busca caminos alternativos para el desahogo tensional". Y probablemente tenga razón, la represión es funesta pero también las carencias de cariño y respeto, los entornos violentos, complicados y retorcidos.

Lo que me preocupa

Llegados a este punto me pregunto qué es lo que me preocupa. Lo que me desasosiega es que uno de los componentes del tándem BDSM no esté realmente ejerciendo su libertad, que un hombre o una mujer se sientan arrastrados a este tipo de prácticas por complacer. La actitud de complacer tampoco es tan extraña, de hecho es uno de los mayores obstáculos con los que nos encontramos los educadores sociales para empoderar a las féminas o las personas en situación vulnerable. Este fenómeno tiene un nombre, "Síndrome de Maripili", lo define así la directora del I Congreso Internacional de Liderazgo Femenino, Carmen García Ribas «Maripili es una mujer de cualquier edad que quiere agradar a todo el mundo, que lucha para ser buena en cada uno de los papeles que le ha tocado ejercer durante su vida, aunque esto implique un desgaste extremo tanto físico como psíquico, y que se desmorona cuando recibe un mensaje de rechazo o de censura». Lo que me preocupa es que personas con necesidad de afecto y reconocimiento se sientan obligadas a firmar y continuar los contratos BDSM por mantener una pareja o el círculo de amistades.

Otra cuestión que me inquieta es sencilla, en mi opinión, si hay personas que han asociado el dolor al placer y nuestros facultativos coinciden en que es un comportamiento patológico, por mucho que debamos respetar su libertad, sus decisiones, su forma de sentir, ¿no deberían ser atendidos por profesionales de la conducta? No se trata de criminalizar una actitud, ni de juzgar su forma de sentir, lo que se siente no se elige. Sin embargo, si lo que se siente viene determinado por unas vivencias, por su socialización, su educación, sus experiencias entre la afectividad y la agresividad, como cuando intervenimos con usuarios con problemas de autoestima que idean constantemente con su incapacidad para conseguir un trabajo o novia y descubrimos que no han sido suficientemente empoderados durante su infancia, o incluso desmotivados.

Estas personas mejoran si trabajan sobre sus falsas creencias y con mucha dificultad pero con esfuerzo, igualmente, los psicólogos y profesionales sociales podrían ayudar con esas asociaciones entre el placer y el dolor.

Esta intervención siempre debe ser a demanda del paciente, no olvidemos que son personas adultas ejerciendo sus derechos de libertad sexual y a menos que decidan ponerse en manos de profesionales porque se sientan desgraciados, no tenemos razón para intervenir, aunque sí para debatir, concienciar, investigar, como en cualquier otro fenómeno social.

¿Origen en la educación, el desarrollo, la socialización?

La socialización

Entonces, ¿qué le hace a esta persona disfrutar con lo que para la mayoría es una aberración? Según Antonio de Dios, Psicólogo, coach, formador de ERIES Psicosociales de Cruz Roja, jefe de la unidad de Psicología del Quirón de Marbella y responsable de la página Avatar Psicólogos, "el motivo de este comportamiento hay que buscarlo antes, en su educación, en sus relaciones familiares, en sus experiencias formadoras. Sentir placer dominando, sometiendo, recibiendo humillaciones o dolor es la manifestación de una carencia, una carencia afectiva que es reafirmada con estas conductas compensatorias" Antonio enunció que cuanto más grande haya sido la percepción de la carencia del practicante, mayor será la intensidad y necesidad de compensarla.

Mecanismos de recompensa, condicionamiento operante

Jose Miguel Cuevas Barranquero es un experto en adicciones, profesor de la universidad de Málaga y autor de "Sectas. Cómo funcionan, cómo son sus líderes. Efectos destructivos y cómo combatirlas" y "Abuso Psicológico Grupal y Sectas Destructivas". En nuestra conversación al respecto de estas conductas fue muy explícito en cuanto a los mecanismos de recompensa del cuerpo, aclarándonos que se puede asociar la idea del placer a la del dolor siempre que se haya aprendido así, con refuerzos, bien por educación o vivencias en las primeras etapas de la vida, o por una iniciación posterior. El ejemplo que nos sirvió fue bastante iluminador, los adictos a sustancias inyectadas, no sólo sienten adicción a esa química sino que también a la propia aguja, de forma que llegan a picos sorprendentes de placer bombeándose sangre en la vena tras su dosis, extraen e introducen en reiteradas ocasiones sintiendo gran deleite en ello. Se llega a este punto por asociación con la satisfacción que sienten al inyectarse la sustancia.

Cuevas ahondó en un punto en el que el estudioso tántrico Juan Carlos Zamora y el Psicólogo Antonio de Dios estuvieron de acuerdo, estas pulsiones existen, quizás la educación y la vida de las personas debieran desarrollarse en entornos de crecimiento personal, sin embargo, la realidad no es siempre así, hay niños que han aprendido que las muestras de cariño viene tras el arrepentimiento de un padre violento, que se comporta así porque tiene miedo y no conoce otra forma de solucionar esa situación, en fin que la mente de nuestra sociedad es complicada y quizás estas prácticas son la espita de la olla exprés, si no se realizaran, la represión podría dar con conductas más perjudiciales.

Cuestiones legales

En cuanto a si la sociedad debe legislar al respecto de estas prácticas Antonio de Dios confesó que no era necesario, porque ya existen leyes que regulan los delitos comunes que puedan derivarse de la inapropiada práctica de estos usos, como de cualquier otro. "Las prácticas consensuadas y seguras no dejan de ser una salida a las carencias emocionales de su vida y no deben reprimirse", cuestión en la que el Psicólogo coincide con el experto en filosofía tántrica.

Por otra parte nuestro jurista José Antonio Correa Coello nos advierte de que no podemos perder la brújula y que si durante estos eventos algún participante pereciera, el partenaire sería acusado de homicidio imprudente, como poco, según el art. 142 del Código Penal y tendría sus responsabilidades legales. Si se te muere tu sumiso mientras lo asfixias para obtener un plus de placer sexual, consentido, no deja de ser un delito. El límite de estas prácticas es peligroso, se juega con la vida de las personas y hay que tener en cuenta que la tan coreada "Palabra de Seguridad" es difícil de emitir cuando te están asfixiando o cuando tienes un bocado de caballo entre los dientes. De hecho, Sada Abe, en la que se basó el film japonés "El Imperio de los Sentidos" dio muerte a su pareja y no podemos saber hasta qué punto él quería llegar al extremo de morir o es que no se pudo comunicar.

Capítulo V: En Internet

A continuación os reproduzco parte de una conversación que he encontrado en un foro público BDSM cuya autoría corresponde a antoniojimenez, posiblemente un Nick, http://foro.enfemenino.com/forum/pareja2/__f78150_pareja2 -El-bdsm-ha-arruinado-mi-vida-de-pareja.html:

—....*Acabas de relatar la historia de mi vida. Desde chiquitín me salió una vena sádica que me hizo iniciarme en las procelosas aguas turbulentas del arte de la Dominación hasta convertirme en un afamado Domine Magister de la materia. Con eso te digo todo.*

—*El cinturón de cuero negro, antes de yo saber que es éste el color característico de los miembros de tan distinguido club, me sirvió de modo primitivo e instintivo para empezar a afinar la puntería. Inicialmente sobre objetos inanimados; más tarde en las carnes blandas de una compañera de clase, cautivado por la actriz gabacha Catherine Deneuve interpretando "Belle de Jour". Lo que me valió innumerables amonestaciones en mi etapa de infante en la escuela.*

—*Como lo oyes. Antes que nada veo que andas muy verde. O eres sadomaso o switch o Dom a secas. Me da que tienes unas pajas mentales verdaderamente preocupantes en lo que la parte teórica se refiere.*

—*Más lo que interesa de veras es la aplicación práctica de estas artes pues, no en vano, el rol de Dominante exige una disciplina, estudio y práctica constantes, en un aprendizaje siempre inacabado, que podemos considerarnos unos artistas de los pies a la cabeza. Yo, al menos, desde luego.*

—*Has hecho muy bien en mandar a hacer vientos a la estrecha de tu ex mujercita, qué sabrá ella del placer y orgullo legítimo que experimentan las verdaderas sumisas y esclavas.*

—En tu debe habrás de comulgar conmigo que puede que no fuese tanto que ella abdicase de ser sometida como que por tu inexperiencia previa, que salta a la vista, no fueras tú capaz de conducirla con mano firme. Y diestra claro.

—A sensu contrario muestras como haber capital tu firme voluntad de vivir tu vida conforme a tu, nuestra, particular cosmovisión sobre el particular.

—El primer paso, importante, ya lo has dado.

Éste texto contiene varios puntos dignos de reflexión y que me he permitido subrayar: Llama la atención el alto concepto que tiene este Domine Magister de su cosmovisión, como él mismo califica, habla de orgullo, de trabajo de investigación, de ser artista, de pertenecer a un club selecto. Este sentimiento es elitista y significa una separación, alejamiento, incluso desprecio por la vida y sexualidad de otros. Califica de "estrecha" a la mujer del interlocutor porque no ha querido aguantar el sadismo de su esposo. Me preocupa mucho cuando expresa que de pequeño ya le salió la vena sádica y azotaba a su compañera de clase, quiero ser tolerante, pero este señor habla de placer por el dolor, con crueldad y sin el consentimiento del otro/a, critica que el "domine" al que he callado, no haya tenido mano firme y esto me recuerda demasiado a los sádicos que emplean la fuerza ya sea dentro o fuera de casa.

Hay que admitir que se sabe expresar y que tiene las herramientas intelectuales para hacerlo.

Por otra parte esta conversación traída aquí está sacada de

contexto pero no significa que sea aislada, cualquiera puede entrar en los foros BDSM que existen en la red y ver cómo se expresan, los eventos que tienen, las prácticas que realizan, las diferencias que existen entre unos grupos y otros. También proliferan numerosos blogs con información importante para los usuarios que pueden ser bastante esclarecedoras para todos los que nos acerquemos con una mirada curiosa, empática o incluso, preocupada:

"Reflexiones de una Sumisa" http://bdsm.blogspirit.com

"Sométete BDSM Community" http://www.someteme.com

" Dómina Sharine: Pensamientos"

http://blogoficialdominasharine.blogspot.com.es

En muchos de estos blogs se presenta la inquietud de los integrantes de estas prácticas sobre el mal uso de los nuevos iniciados, urgidos por el morbo del boom de noticias y publicaciones sobre la materia. Aquí me hago eco de la preocupación de Dómina Sharine:

—*"Hace tiempo que lo observo, pero cada vez se hace más evidente y dañino. Existe un intoxicación en Internet sumamente negativa sobre la realidad del BDSM.*

Desde que internet se masificó en todos nuestros hogares, y pasó a formar parte importante de nuestras vidas, la cantidad de información a nuestro alcance y al de cualquiera es enorme, pero no siempre ha de ser objeto de veneración. La mayor parte de dicha información tiene como destinatarios a pajilleros y mentes calenturientas deseosas de ser dominados por mujeres explosivas y estrictas.

Se trata de imágenes enormemente extremas de prácticas tan comunes como el spanking, castigos físicos extremos que encogen el corazón y el alma de los incautos que topan con ellas, imágenes impactantes de nalgas sangrantes, graves cortes y heridas, y otras que me voy a evitar comentar. Dichas imágenes impactan por su crueldad y brutalidad, generando una falsa idea de que el BDSM es castigo extremo, daños físicos graves, marcas evidentes de nuestra vida íntima personal... y cuando las ven aspirantes que no están iniciados, curiosos o sumisos cuyo fetichismo no es ni de lejos el castigo físico... es como para salir corriendo.

Es cierto que hay otras imágenes, bellísimas y muy eróticas, pero en este río revuelto, quienes quieren iniciarse no están formados aún como para saber discernir entre unas y otras prácticas....... La sensación que les queda es la de que no quieren saber nada de este tipo de relaciones, experimentan miedo, terror, y una grave reticencia a dar ese paso que en las manos correctas no es traumático sino placentero.

Señoras y caballeros.... Tan difícil es entender que la Dominación nada tiene que ver con este tipo de prácticas en exclusividad!!!! .. La Dominación tiene que ver con el control y el poder, es algo excitante, muy erótico y que da placer, de ahí el gran interés que en los últimos tiempos está despertando entre la población general y los medios de comunicación.

Años de ocultismo, también han generado una sensación de "práctica prohibida" y desde luego lo sigue siendo aunque en menor medida, de ahí el término "Lado Oscuro" con el que se suele denominar a estas prácticas, principalmente en la visión vainilla.

No os dejéis influenciar por lo que nos quieren hacer creer que todos los sumisos/as son iguales, ni han de poseer los mismos límites ni fetichismos. No todas las dóminas somos sádicas y sangrientas... Ni el BDSM se traduce en "zurrar" (en honor a un individuo malcarado que intentaba hacerle creer eso a un joven que quería iniciarse, mientras hacía *levantamiento de cubata en la esquina de una barra) aunque yo personalmente pueda disfrutar de la energía de una buena sesión de spanking puntualmente."*

Capítulo VI: Parafilias de toda la vida

¿Por qué estamos hablando de este tema?

Pues aunque nos parezca un asunto de moda provocado por el espectacular éxito de ventas de la Trilogía de "Las Sombras de Grey", es bien antiguo, documentado y novelado, recordemos al Marqués de Sade o a Leopold von Sacher-Masoch, eso sí, era propio de ambientes exclusivos, poderosos y reservados, el marido sádico que disfrutaba dándole una zurra a su pobre mujer, madre de diez niños famélicos, no se puede considerar BDSM.

Nuestra cultura está plagada de mensajes de sumisión, de sacrificio, de refranes como "quien bien te quiere te hará llorar" o el tremendo "más vale mujer triste que hombre que embiste". Es por eso que a algunas personas, al margen de las creencias religiosas o los convencionalismos morales, nos resulte tan difícil comprender que la libertad de una mujer pueda partir de ser azotada como castigo.

Por otra parte son numerosas las aportaciones de este tipo a la literatura. No olvidemos el concepto de "Amor Cortes", propio de los caballeros medievales que se sometían a los deseos de su Dama, con resultado de "sufrimiento gozoso".

Estas pinceladas no hacen más que reforzar la idea de que las parafilias son de todos los tiempos. Es más y como hemos apuntado en alguna ocasión, prácticas que se consideraban parafilias hasta el siglo XX están ahora legal y culturalmente aceptadas, al menos en nuestro país.

En mi opinión, ha habido un cambio de valores en la sociedad, hemos hecho del Postmodernismo nuestra doctrina, hemos llegado al todo vale, siendo muy beneficioso desde el punto de vista de la tolerancia pero bastante incómodo en cuanto a los límites que debe contener el derecho, el cuidado, el respeto y la libertad de los más débiles.

En la literatura clínica se habla de ocho parafilias principales:

1.-Exhibicionismo: El deseo o conducta recurrente de mostrar los genitales ante un extraño.

2.-Voyeurismo: El deseo o conducta de observar a una persona, sin que ésta se dé cuenta, mientras se encuentra desnuda o cuando realiza alguna actividad sexual.

3.-Fetichismo: El uso de objetos inanimados o alguna parte corporal para conseguir estimulación sexual.

4.-Fetichismo travestista: Es la estimulación sexual por el contacto de prendas de vestir pertenecientes al sexo opuesto.

5.-Masoquismo: Es el deseo o la conducta de ser humillado, golpeado o atado, o de recibir algún tipo de castigo o vejación.

6.-Sadismo: El deseo o conducta de humillar o infligir dolor a otra persona por fines sexuales.

7.-Frotteurismo: El deseo o conducta de tocar o frotar el cuerpo de otra persona sin su consentimiento.

8.-Pedofilia: La atracción sexual por infantes o prepúberes.

En teoría, cualquier cosa puede ser provista de un carácter erótico y asociarse a la sexualidad si se dan ciertas circunstancias. Por lo tanto, las parafilias podrían implicar prácticamente cualquier objeto imaginable. En términos generales, tienden a ser causadas por un 'condicionamiento clásico' en el que el estímulo sexual ha sido asociado con estímulos y situaciones que típicamente no producen una respuesta sexual. Posteriormente, son perpetuadas por medio de un 'condicionamiento operante', puesto que la respuesta sexual es su propia recompensa, su refuerzo positivo.

A las **parafilias** recogidas habitualmente en la literatura clínica habría que unirse otras de toda índole y condición, aquí os dejo una variedad que se puede aumentar hasta el infinito, como infinitos sean los condicionamientos que han llevado a asociar estos estímulos con el placer:

Acrotomofilia: Fantasía de tener relaciones con una persona que posee un miembro amputado.

Actirastia: Excitación sexual proveniente de la exposición a los rayos del sol.

Adolescentismo: Vestirse o actuar como un adolescente.

Agonophilia: Excitación proveniente de una lucha con la pareja.

Agorafilia: Realizar el acto sexual en lugares públicos.

Agrexofilia: Excitación proveniente de saber que otros saben que el sujeto está realizando una relación sexual.

Algomanía: Placer ligado al propio sufrimiento físico. Se diferencia del masoquismo por la ausencia del componente erótico.

Aloerastia: Uso de la desnudez de otra persona para excitar a la propia pareja.

Alopelia: Experimentar un orgasmo viendo a otros teniendo una relación sexual.

Altocalcifilia: Atracción por tacones altos. (Fetiche por los tacos altos.)

Amaurofilia: Preferencia por una pareja ciega.

Amokoscisia: Excitación por el deseo de dar latigazos o castigar a la pareja sexual.

Anastimafilia: Atracción por personas de altura diferente a la propia (más altas o más bajas).

Androidismo: Excitación con muñecos o robots con aspecto humano.

Anisonogamia: Atracción por una pareja sexual mucho más joven o mucho mayor.

Anofelorastia: Placer proveniente de la profanación de objetos considerados sagrados.

Asfixiofilia: El estímulo proviene estrangular, asfixiar o ahogar a la pareja durante el acto sexual, con su consentimiento y sin llegar a matarla.

Autoasasinofilia: Fantasía masoquista de ser asesinado.

Autoasfixiofilia: (autoestrangulación erótica): El estímulo es ser asfixiado durante el acto sexual.

Automasoquismo: Infringirse sufrimiento físico.

Automisofilia: Atracción por ser ensuciado o corrompido.

Autonepiofilia: Utilizar pañales y ser tratado como un bebé.

Avisodomía: Relación sexual con aves (gallinas, etc.)

Belonefilia: Excitación producida por el uso de agujas.

Bestialismo: Zoofilia.

Biandria o bivirismo: Relación sexual entre una mujer y dos hombres.

Biastofilia (raptofilia, violación): La pareja no debe consentir al acto sexual, o estar aterrorizada, luchar, etc.

Bondage: Práctica sexual sadomasoquista en la que uno de los participantes permanece atado.

Braquioprosis (erotismo braquioprótico): Una forma profunda de físting donde todo el brazo penetra el ano.

Búndling (del inglés bundle up, 'abrigarse'): Pareja que duerme en la misma cama vestida y sin tener relaciones sexuales.

Candalagnia o candaulismo: Ver a la pareja copulando con otra persona.

Chemise Cagoule: Uso de un camisón grueso con un agujero para el pene.

Chezolagnia: Masturbación durante la defecación.

Clastomanía: La excitación proviene de romperle a la pareja la ropa puesta.

Cleptolagnia: (cleptofilia): Gratificación sexual y erótica proveniente del robo.

Clismafilia: La excitación depende de recibir un enema.

Consuerofilia: Coserse zonas de la piel con aguja e hilo.

Coprofemia o Coprolalia: Excitación sexual proveniente de decir obscenidades en público.

Coprofilia (coprolagnia): El uso de excremento en la práctica sexual (ya sea observando cómo defeca otra persona o untándose excremento sobre el cuerpo).

Criptoscopofilia: Deseo de ver la conducta (no necesariamente sexual) de otras personas en la privacidad de su hogar.

Cunilalia: Hablar acerca de los genitales femeninos.

Cyesolagnia: Fetiche con embarazadas.

Dipoldismo (dippoldism): Excitación sexual por golpear el culete a niños o niñas.

Dismorfofilia: Atracción a personas deformadas.

Efebofilia: La atracción sexual de una persona madura hacia un adolescente varón de 13 a 18 años. (Ver hebefilia.)

Electrofilia (electrocutofilia): El uso de suaves choques eléctricos en la práctica sexual.

Eonismo: Ponerse ropas del sexo opuesto. Proviene del travesti francés Chevalier D'Eon.

Escopofilia (escoptofilia, escoptolagnia, mixoscopía): El orgasmo depende de mirar abiertamente a otras personas en el acto sexual (no subrepticiamente como en el voyeurismo).

Espectrofilia: Coito con espíritus o excitación producida por la imagen en el espejo.

Estigmatofilia: Excitación ante tatuajes, agujereamientos (píercing), sacrificios o cicatrices.

Exhibicionismo: Asustar a otros mediante la exposición del cuerpo desnudo (o de alguna de sus partes). También es exhibicionismo la necesidad de ser visto para poder llevar a cabo el coito.

Félching: succión del semen contenido en la vagina o en el ano luego de haber sido eyaculado. También significa insertar animalillos enteros dentro del ano o la vagina.

Físting (del inglés fist: 'puño'): Insertar el puño o el antebrazo dentro del recto o la vagina.

Flatofilia: Excitación proveniente del olor de los gases intestinales propios o de la pareja.

Fúrtling: Excitarse metiendo un dedo a través de un agujero cortado en la zona genital de una foto o dibujo.

Gerontofilia (del griego geron, gerontos: 'anciano'): Atracción sexual de una persona joven por otra de edad mucho mayor.

Hebefilia: Atracción por niñas púberes.

Hibristofilia: Fantasear con tener relaciones con un violador. O la imitación o puesta en escena de una violación.

Iatronudia: Excitación por desnudarse ante el médico,

generalmente fingiendo una dolencia.

Insuflación erótica: Soplar aire dentro de la vagina, el ano o la uretra.

Lactafilia: Excitación por los pechos que amamantan.

Macrofilia: El estímulo son las personas grandes o rollizas.

Masoquismo (duololagnia): Placer ligado a la propia humillación o sufrimiento físico (cachetadas, latigazos, pellizcos) o moral (humillación). Proviene del nombre del novelista austríaco L. Sacher-Masoch. Se diferencia de la algolagnia por la presencia del componente erótico.

Menstruofilia o menofilia: Fetiche por una mujer menstruando.

Merintofilia: Excitación sexual provocada por estar atado.

Microfilia: El estímulo son las personas pequeñas o enanas.

Misofilia: Fetiche por ropa sucia u objetos asquerosos, por ej. tampones usados.

Necrofilia: La pareja sexual debe ser un cadáver.

Nepiofilia (nepiolagnia): La pareja debe ser un infante del sexo opuesto.

Nosolagnia: Excitación proveniente de saber que la pareja tiene una enfermedad terminal.

Obesofilia: El objeto de excitación sexual es necesariamente una persona obesa.

Octopusfilia: Exitación producida por la aplicación de ventosas en el cuerpo, o atracción por tener relaciones sexuales con un pulpo (esta menos extendida).

Odaxelagnia: Excitación al morder o ser mordido por la pareja.

Ofidiofilia: Excitación provocada por serpientes.

Olfactofilia: Excitación debida al olor de la transpiración, especialmente de los

Pigmalionismo, agalmatofilia, galateísmo o monumentofilia: Atracción sexual por estatuas o maniquíes desnudos. Proviene de Pigmalión, personaje mitológico griego que se enamoró de una estatua de su propia creación.

Pungofilia: Necesidad de ser pinchado con el fin de obtener placer sexual.

Quinunolagnia: Excitación sexual por ponerse en situaciones de peligro.

Rabdofilia: Excitación al ser flagelado o latigado.

Robotfilia: Atracción por hacerlo con robots.

Somnofilia: Acariciar y realizar sexo oral a una persona dormida hasta despertarla.

Thlipsosis (zlipsosis): Excitación proveniente de los pellizcos.

Triolismo (de "trío") o troilismo (del francés trois): la excitación depende de observar a la propia pareja teniendo relaciones con una tercera persona.

Urofilia (urolagnia, ondinismo): Uso de la orina en la práctica sexual. Orinar o ser orinado por la pareja.

Vampirismo: Excitación sexual proveniente de la extracción de sangre.

Vincilagnia: Excitación por hacerse atar (en inglés bondage).

Voyeurismo: El estímulo primario es ver a otras personas dedicadas al acto sexual de manera subrepticia

Zoofilia (bestialismo): el uso de animales en la práctica sexual.

A propósito de parafilias:

Relato: Ulises en Nueva York

Algunos ya conocéis a Ulises, mi héroe favorito, Ulises es alto, Ulises es guapo, Ulises es inteligente y avispado, Ulises es culto, Ulises viaja, Ulises está en el mundo, Ulises tiene una familia maravillosa, su mujer Penélope, su hijo Telémaco y su perro Argo. Ulises es lo más, el más osado, el más valiente, el más extrovertido, Ulises es ciego total.

Como otras veces ha ocurrido, nuestro protagonista atrae las situaciones estrambóticas de misterio que rozan lo hilarante por absurdo y lo serio por real. En esta ocasión Ulises fue invitado a dar una conferencia en unas jornadas celebradas en el Green Centre de Nueva York sobre su experiencia como usuario de perros guía. En el ágape posterior al evento le presentaron a Dereck Flanangan, Director ejecutivo de de una flamante publicación neoyorkina de trascendencia internacional. Su conversación era interesante y parecía expectante respecto a las vivencias de un invidente español, autosuficiente, universitario y viajado. Penélope que se había apuntado al periplo, hizo en seguida "migas" con el ejecutivo. Tenían en común su amor por el surrealismo y hubo varias ocasiones en que los conocimientos de ella eclipsaron los de Mr. Flanagan.

Debido a la originalidad y atractivo de la pareja española, Dereck les hizo extensiva una invitación para un "lunch at home", lo que viene siendo que iban a seguir la fiesta en su casa con la excusa del almuerzo. El Green Centre les había proporcionado un coche con chofer que los llevó a un ático en Manhattan, debía de costar un riñón, el salón era tres veces el pisito de una familia media española y la pared que daba al exterior era de un grueso cristal desde el que se podía observar Central Park, se cotilleó que los vecinos de planta eran Woody Allen y su mujer-hijastra.

Reunidos a una gran mesa se encontraba la "crème de la crème", el comisario de Naciones Unidas para la Convención de Personas con Discapacidad, periodistas, estrellas televisivas, la Cónsul española en Nueva york y algunos amigos del anfitrión.

La conversación tomaba giros unas veces inesperados por ajenos y otras obvios por los asistentes, la Ley de Sanidad, la Crisis en Europa, los perros guía no son una mascota sino que están trabajando, el grupo de surrealistas en Nueva York en la Segunda Guerra mundial bajo la protección de Peggy Gugenheim, en fin, bastante animado aunque a veces Ulises perdía un poco el hilo pues el inglés americano cuanto más del interior, más difícil de captar y alguno era muy del interior.

Las necesidades miccionarias de Ulises crecían paulatinamente hasta un punto de no retorno, avisada Penélope, se dispusieron a seguir las indicaciones del asistente para arribar a buen puerto mingitorio. Muchas eran las puertas que concurrían en el pasillo paralelo al salón, ¿debían entrar en la tercera a la derecha o en la tercera a la izquierda, o era la cuarta?, es que el asistente tenía ese acento, ¡ese que no hay quien lo entienda! En fin que abrieron la cuarta a la derecha. Penélope penetró, tiró de Ulises, mandándolo a hablar bajito mientras hacía ruiditos de los de no salir de su asombro.

Estaban en una habitación de bebé sobredimensionada, Gulliver en el país de los gigantes, o eso, o no había explicación. Una gran cuna se situaba en el flanco izquierdo, enfrente una gran mesa para cambiar al bebé, un caballito de madera de más de un metro y medio, apilados en estanterías, unos pañales enormes. Sin embargo, en una cómoda azul celeste había objetos de aseo de bebé de tamaño normal y un marco con una foto, una foto del dueño de la casa, ya adulto, con unos patucos, faldón de encaje, gorrito a juego y un chupete de su tamaño.

—Esto es nuevo —comentó Penélope —mira que hemos visto y tú oído cosas en esos mundos de Dios, ¡pues ésta es nueva! —Sigilosamente salieron de nuevo al pasillo y exploraron hasta dar con la localización exacta del requerido cuarto de baño. Allí Ulises se tuvo que buscar la vida, palpando por las paredes hasta encontrar el WC, Penélope le había dado la alternativa en la toilette, ella, se sentó impaciente en un puf blanco inmaculado y sacó el IPAD de últimísima generación, para eso es una e-mujer, subida al carro de las nuevas tecnologías en el vagón del conductor. Googleó "Adultos que se hacen pasar por bebés":

— ¡Ostras Pedrín!, ¡no me lo puedo creer!, ¡vaya por Dios!, ¿lo que nos quedará por ver!

— ¿Qué pasa Penélope?, ¡dime qué has encontrado, que me tienes en ascuas!

La cuestión no era baladí, Mr. Flanangan no era el único, según las informaciones aparecidas en la prensa neoyorkina, aquello era una epidemia, incluso un senador había tenido que llevar al congreso una propuesta para que se estudiara la trepidante escalada de ciudadanos americanos que se travestían en bebés y eran cuidados como niños pequeños.

Había un reportaje en español en el que un hombre obeso estaba vestido con pololos, bebía de un biberón mientras lo cuidaba una amiga que le cambiaba incluso los pañales.

Los fueron a buscar, normal, ya tardaban y con un ciego en la diada se puede uno pensar cualquier cosa, aunque cualquier cosa, como se comprobaba, podía pasar en cualquier sitio, sin necesidad de que el morador fuese invidente.

—Enseguida vamos, me estoy retocando el maquillaje.

Les dio para otros cinco minutos que invirtieron en preguntarse e investigar por qué, a groso modo, alguien querría vestirse de rorro. Algunos de los protagonistas comentaban que era su momento de seguridad, de vuelta a la infancia, donde el individuo no tiene que preocuparse por nada, donde la familia, los padres, su casa, su cuna, su ropita, les mantiene confortable, lejos del estrés y los miedos derivados de la responsabilidad de sus trabajos exigentes. Otros en cambio confesaban abiertamente que era una actitud fetichista, una parafilia, relacionada con el morbo sexual, una fantasía que se podían permitir y se la permitían. ¿A qué grupo pertenecería el Director ejecutivo de la flamante publicación neoyorquina de trascendencia internacional?

Salieron del baño y se dirigieron al "hall", iban cuchicheando por lo bajini, cuando llegaron a la gran sala, todos se volvieron a mirarlos, — ¿Están bien?— Perfectamente, arreglitos de última hora, las chicas somos así— y se integraron nuevamente en la conversación, pasaron una tarde muy agradable y entretenida, se contaron anécdotas de alto copete y Ulises tuvo que relatar su naufragio en las costas italianas. Cuando se marchaban, Penélope se volvió y le preguntó a Dereck qué número de pie calzaba, el diez, o sea, el cuarenta y cuatro en europeo.

Un mes más tarde, Mr. Flanangan regresaba de su oficina en la zona financiera y al entrar en el edificio, el conserje le entregó un paquete.

—Viene de España.

Se lo puso debajo del brazo y subió en el ascensor que tenía acceso directo al ático. Llegó a casa, saludó a su asistente, se sirvió un gran vaso de Perrier bien fría con una rodaja de limón y sin hielo, por supuesto. Se sentó en la terraza, en una cómoda "chaise longe" tan inmaculada como el puf del cuarto de baño. Puso la Perrier encima de una mesita auxiliar de aluminio blanco luminoso y metacrilato. Se dispuso a abrir el paquete, ya se había percatado de que los remitentes eran el matrimonio español tan particular e interesante que había invitado a su casa. Rompió el papel y se encontró con una nota manuscrita:

Estimado Dereck, le agradecemos enormemente su invitación, fue un almuerzo y sobremesa muy divertidos y serios, ya que el antónimo de divertido no es serio, sino aburrido. Conocimos a personas influyentes e interesantes y quedamos impresionados con su dominio de las artes de vanguardia. Tras llegar a España hemos rememorado varias veces aquella experiencia por lo que hemos decidido mandarle este detalle con todo nuestro cariño, los hace Antonia, la madre de Ulises…

El Director ejecutivo de la flamante publicación neoyorkina de trascendencia internacional abrió la caja que sustentaba la nota, la cara se le iluminó, eran una auténtica maravilla, dos patucos de crochet, del número cuarenta y cuatro, de lana celeste, con un botoncito al lado y delante unos ojitos, boquita y bigotes de gato, se los puso enseguida. Sonrió feliz y relajado.

Capítulo VII: La Asfixia Erótica

La asfixiofilia, también llamada hipoxifilia o hipofixiofilia, es una de las prácticas posibles en las sesiones BDSM. Consiste en intensificar el placer a través de la disminución de la respiración durante la actividad sexual impidiendo la entrada de aire en los pulmones de la pareja, ya sea mediante la obstrucción de las vías respiratorias, cubriendo la cabeza con elementos plásticos, de látex o recurriendo a la semiestrangulación.

Por supuesto que es una práctica sexual extrema y peligrosa, son numerosos los casos de muerte también por autoasfixia erótica, práctica no ortodoxa, que consigue aumentar la intensidad del orgasmo con la privación de oxígeno, hipoxifilia, el propio paroxetismo puede provocar el descontrol y tener consecuencias de lesiones.

En la comunidad BDSM, las prácticas de esta naturaleza pueden ser denominadas *breathplays* (juego con la respiración) o *edgeplays* (juego de borde, o juego de riesgo), generalmente incluyen un socio participante. Al igual que en otras prácticas sexuales de riesgo, el compañero aplica los límites de lo seguro, sensato y consensuado. Este ejercicio se realiza casi siempre junto a otras actividades fetichistas, ropas y utensilios "ad hoc" para la práctica.

Aunque nos pueda resultar novedoso, los "breathplays" están documentados desde el siglo XVII, siendo propio de los pueblos asiáticos y esquimales. Fueron traídos a Europa por los soldados franceses que lo aprendieron en los burdeles de Indochina. En principio se supone que se utilizaba para problemas de erección y la idea surge de la observación de los ahorcados que incluso pueden eyacular durante su ejecución.

En mi opinión, como para cualquier práctica extrema hay que tener un aprendizaje conductual de asociación del placer con el dolor o la deprivación, ya que en mi caso me resultaría absolutamente imposible tener ninguna pulsión sexual que incrementar, mientras me encuentre en situación de riesgo.

Hay una larga lista de personalidades que han perecido practicando estos métodos:

El compositor Frantisek Kotzwara murió a causa de asfixia erótica en 1791. Posiblemente sea el primer caso registrado.

El 27 de agosto de 1830, el príncipe Luis Enrique de Borbón-Condé (1756-1830) fue encontrado ahorcado, con los pies tocando el suelo. Posiblemente estuvo implicada su amante, la Baronesa de Feuchères. Actualmente se considera que fue un caso de asfixia erótica.

En 1936, la japonesa Sada Abe mató a su amante, Kichizo Ishida, mediante asfixia erótica. Luego le cortó los genitales y los llevó en su bolso durante varios días. El caso causó sensación en el Japón de los años treinta. La película francesa *"El imperio de los sentidos"* (1976) se sumerge en el suceso. Este film es un buen documento para el entendimiento de una pulsión sexual extrema, es el caso de Sada, que se sentía infeliz hasta que encontró su juguete sexual en un sumiso aficionado al sexo y que llega a morir estrangulado en la búsqueda vertiginosa del placer, como único objetivo en la vida, demostrando la misma falta de control que sufren los heroinómanos.

El 5 de mayo de 1968, el actor estadounidense Albert Dekker (1905-1968) fue encontrado sin vida en su cuarto de baño. Estaba desnudo, arrodillado en la bañera con un lazo alrededor del cuello atado a la barra de la cortina de baño.

Estaba esposado, con los ojos vendados, amordazado y tenía escritas todo el cuerpo palabras sexualmente explícitas pintadas con lápiz de labios rojo. El forense dedujo que se trató de un caso de asfixia erótica.

En 1994, el diputado conservador británico Stephen Milligan murió en un caso de autoasfixia erótica combinado con autobondage.

El 4 de junio de 2009, el actor David Carradine (1936-2009) fue hallado muerto en su habitación de hotel en Bangkok, Tailandia, con signos de haber practicado la asfixiofilia.

El 20 de diciembre de 2011 el subsecretario de Comercio Exterior de Argentina Iván Heyn (1977-2011) falleció ahorcado en una habitación de hotel en Montevideo Uruguay durante una convención de presidentes.

En marzo de 2010 apareció muerto el presentador de la BBC Kristian Digby, su fallecimiento se atribuyó al mismo juego sexual.

Este mismo año en España Mario Briondo, productor de televisión, marido de la presentadora Raquel Silva, fue encontrado ahorcado. Las causas podrían ser el resultado de un descontrol de este juego ya que no se le conocían rasgos depresivos.

Capítulo VIII: Paloma Grande, El Abuso

La Psicóloga madrileña Paloma Grande, ha influido poderosamente en mi preocupación por el abuso sobre personas en situación de debilidad emocional. Su inquietud parte de la posible validación de malos tratos físicos y psicológicos, difícilmente consensuados por personas en situación de vulnerabilidad, por necesidad de afecto, por su juventud o inmadurez.

Su supuesto de partida es que un acuerdo justo se realiza entre dos personas de igual a igual y si alguien está en una posición débil no se puede garantizar que no esté siendo manipulado. Le llama la atención la falta de denuncias, teniendo en cuenta que ya ha habido varias víctimas. También le inquieta la relación amo/esclavo 24/7, 24 horas al día 7 días a la semana, por sus consecuencias en la salud mental de los participantes, no olvidemos que aunque seamos mayores está demostrado que la estructura de nuestro cerebro se modifica por nuestra experiencia vital. Esta psicóloga ha descubierto divisiones dentro del movimiento BDSM, entre los partidarios de la escenificación y los que deciden acercarse a otros niveles de violencia así como incongruencias en el sentido del respeto, recuérdese el comentario extrapolado de un dominador reproducido anteriormente "¿qué sabrá ella del placer y orgullo legítimo que experimentan las verdaderas sumisas y esclavas?" refiriéndose a una pareja abandonada por el interlocutor, que no disfrutaba con ese tipo de relaciones.

El punto del desprecio por los que no se adhieren a su "cosmovisión" es evidente en muchos de los foros a los que nos hemos acercado. Para empezar, califican a nuestros estupendos momentos de erotismo, amor y sensualidad como sexo vainilla. En otras ocasiones manifiestan que nos lo estamos perdiendo, se sienten especiales. Se reúnen para practicar, pero sobre todo es un continuo que rige sus vidas, lo preparan, lo hablan, lo planean, se sienten fuertes en el grupo, en oposición con las familias y amigos que no "comprendemos" sus gustos, en muchas ocasiones rompen vínculos con los "vainilla" y les es difícil dejar estas prácticas porque fuera del grupo no son nada especial, amén de que como escribe una Dómina en su blog "ya no es posible volver a lo que se conocía y practicaba antes" en su artículo "Efectos secundarios del BDSM" http://amaysenyora.blogspot.com.es/2012/02/los-efectos-secundarios-del-bdsm.html?zx=fcde9c090a207841.

Paloma está comprometida con el hecho de que existen nidos inquietantes a la sombra de estas organizaciones y que deben ser ellas mismas las que los desautoricen. El hecho de que se puedan intercambiar esclavas como si de ganado se tratase o de encomendar la tarea de buscar nuevas sumisas, "jovencitas", a las ya existentes o de que si te quejas de un trato excesivamente duro en un foro, nadie te apoye, sino que te remitan a la reconsideración del contrato, podría encubrir situaciones de abusos.

Capítulo IX: Elizabeth Da Silva Entrevista
a un Amo y una Sumisa

Elizabeth Da Silva es una venezolana de origen Portugués afincada en Marbella. Tiene en su haber la publicación de numerosos relatos eróticos editados en revistas y en colecciones de Erótica así como novelas erótico-románticas. Su primera colección "Los Juegos Eróticos de Charles y Elisa" puedo aseguraros de que es "alta temperatura". La autora ha tenido a bien permitirme reproducir su trabajo ya que sus entrevistados estaban muy preocupados por la tergiversación de sus opiniones y no quisiera influir en el lector sobre su experiencia.

El BDSM... La realidad de una sumisa y un Amo.

Por Elizabeth Da Silva

Se preguntarán ¿Por qué se me ocurrió hacer una entrevista a un Amo y una sumisa sobre el BDSM?, la respuesta está relacionada con la cantidad de novelas romántico eróticas que se han publicado en estos dos últimos años, y que hablan sobre el tema. Pero sobre todo, a la gran cantidad de ellas, que realmente no están bien documentadas sobre esta práctica sexual, subcultura, mundo, comunidad o como lo quieran llamar.

Por esta razón, al tener la oportunidad de contactar con un Amo, me pareció interesante dar a conocer más sobre la relación Amo/sumisa, sobre la realidad de esa subcultura. Y gracias a nuestro Amo Anónimo, también tuve la oportunidad de hacer las mismas preguntas a una sumisa, y tener así ambas visiones sobre la DOMINACIÓN/SUMISIÓN.

Según lo que he leído, lo primordial es la confianza. Entre Amo y sumiso debe haber una confianza absoluta. *A partir de ahí, cada pareja establece sus propias reglas, límites y palabras de seguridad. Lo que ocurre, es que muchas personas en la ignorancia o la mala información, piensan que los que tienen aficiones sexuales diferentes y un tanto extremas, son personas enfermas, depravadas y muchas otras cosas más. Por estas razones, espero que con esta serie de preguntas, podamos conocer la realidad del BDSM y respetar a las personas que disfrutan de ello.*

Definición según Wikipedia: BDSM es la denominación usualmente empleada para designar una serie de prácticas y aficiones sexuales relacionadas entre sí y vinculadas a lo que se denomina sexualidad extrema no-convencional.

El término se emplea a menudo, de forma equivocada, como sinónimo de sadomasoquismo. En realidad, es una sigla que da nombre a lo que hoy en día es considerado como una subcultura específica entre sus practicantes. El BDSM se halla estrechamente asociado con la subcultura "leather". El acrónimo está formado por las iniciales de algunas de dichas prácticas:

- *Bondage: B*
- *Disciplina y Dominación: D*
- *Sumisión y Sadismo: S*
- *Masoquismo: M*

Comenzamos...

SUMISA: Susurro de Medianoche

AMO: Anónimo

¿Cómo descubriste el sexo extremo? ¿Cómo definirías lo que te hace sentir?

SUMISA: El sexo extremo ha sido algo que he practicado en ocasiones, pero no es algo que vaya necesariamente unido al BDSM. Me hace sentir viva, como cualquier relación sexual sea extrema o no.

AMO: No conozco el sexo extremo porque no me gustan los extremos. Cuando estoy en un extremo, puedo pasarme y hacer daño a alguien moralmente o en su salud. Los extremos no son buenos por lo general y se puede entender como en el límite de lo legal, moral o sano.

Dentro del BDSM que practicamos, la mayoría estamos de acuerdo en que sea SSC. (Sano, Seguro y Consensuado). Nadie está obligado a nada y todo está pactado previamente.

Hay gente que practica BDSM y usa un sexo extremo COMO HERRAMIENTA para las sesiones o para adiestrar a una sumisa, pero se puede hacer BDSM sin tener sexo extremo, incluso se puede hacer BDSM sin tener sexo.

Puede que más de uno/a esté preguntándose qué es BDSM.
B: Bondage. El arte del uso de las cuerdas para atar a una persona. Dentro de él está el Shibari. Pueden buscar videos en youtube.

DS: Dominación/sumisión
SM: Sado/Masoquismo
Me considero un 10% Bondage, un 80% Dominante y un 10% SM

¿Te atrajo desde el principio conocer el límite entre el dolor y el placer? ¿Dónde está ese límite? ¿Es diferente para cada persona?

SUMISA: No me atrajo desde el minuto uno, pero cuando profundizas en una relación Amo/Sumisa quieres conocer tus límites, entonces sí. El umbral del dolor es diferente en cada uno de nosotros, y la forma de obtener placer con ello es distinta en cada persona.

AMO: No conozco ese límite porque yo no lo he experimentado. Es verdad que con las sumisas con las que he estado, sí han llegado a esos límites en los que he tenido que parar porque previamente se acuerdan varias palabras para que yo pare llegado a dichos límites (palabras como amarillo, rojo o negro, que indican la proximidad a ese límite soportable para ellas).

¿Me atrajo? Sí. Conocer los límites de las personas es algo interesante de observar y poco frecuente. Requiere mucha entrega y mucha confianza y se agradece que alguien te las dé. Que te entreguen la posibilidad de hacerles llegar a esos límites donde pueden "explotar" o "liberar" tantas cosas... con o sin excitación añadida.

Cada persona tiene un límite. Y cada sesión puede ser que se llegue o no a ese límite. Hay un límite corporal y otro mental. Yo también puedo decidir que se ha llegado a un límite aunque la otra persona quisiera seguir adelante. Si considero que no es sano seguir, no se sigue. Y si quiere seguir, tendrá que buscarse a otra persona.

Sí, ese límite es diferente para cada persona, para cada situación y también difiere del que se tiene en la primera sesión que cuando se lleva mucho más tiempo, depende del lugar, de la predisposición, de la confianza, del ritmo, velocidad, pausas... etc.

¿Cómo definirías el BSDM? ¿Por qué lo practicas?

SUMISA: El BDSM es una forma de vivir, no solo es cuestión de sexo, es una forma de sentir, de pensar y de actuar. Lo practico obviamente por que hace que mi vida sea completa.

AMO: ¿Definirlo? Más allá de lo que se define por la red o en la Wikipedia, yo lo definiría como un juego de roles para algunos, una religión para otros, una bendición para otros, un castigo..., depende del enfoque que quieras darle, y hay tantos enfoques como personas.

Me quedo con un juego de roles que se practica en otro mundo más en el que estamos inmersos. Para algunas personas, es sentirse como Alicia en el "País de la Maravillas" para salir de un mundo rutinario y gris. Para otros es al contrario, es un "Matrix" donde sales de un mundo cómodo para "sentir" más allá de lo convencional...

Quizás la pregunta es "¿por qué los demás no lo practican?". Incluso como juego, podría hacerse. Ir adentrándose en él. Poco a poco, conocerte a ti mismo y a la otra persona. Tantas parejas tendrían tanto que descubrir de su pareja o de ellos/as mismos/as...

Una vez tuviste claro que ese mundo de placer extremo era al que pertenecías... ¿En qué momento te diste cuenta que eras sumisa y no ama?

SUMISA: Supe que era sumisa la primera vez que sentí el poder de un Amo sobre mí, no sexualmente hablando, claro está, tan solo su fuerza, su carácter o incluso su mirada, hacían que sintiera que era poderoso.

AMO: No es un mundo de placer extremo. Hablar de placer extremo es hablar de SADOMASOQUISMO. El SM es sólo una parte del BDSM y cada cual decide qué tanto por ciento de sadomasoquismo introducir en su relación con la sumisa/a o Amo/a.

Decidí meterme en el BDSM porque soy y me considero DOMINANTE. Lo mío no es el placer extremo como finalidad, sino como herramienta para ser Dominante y dominar a quien entrega su voluntad a mí para que la oriente, adiestre, gobierna, dirija, etc.

No es un honor tener un AMO. Es un honor tener una sumisa, porque una sumisa no se captura, no se secuestra, sino que se te ENTREGA.

Me viene a la cabeza una escena de la película *AVATAR* en la que queda patente que el dragón es quien elige a su jinete. Pues algo así. La verdadera fuerza del BDSM es aquélla que hace que una sumisa se entregue a un Amo porque para ello requiere de una confianza plena ya que ella será el objeto de todas las fantasías y sesiones que el Amo determine (salvo excepciones que DEBEN estar expresamente aclaradas desde un principio).

¿Recibiste formación como Sumisa? ¿Existen lugares donde se preparan a los Amos y sumisos?

SUMISA: ¿Recibí formación como sumisa? Mmmm sí, la educación de una sumisa es un día a día con normas, tareas...

AMO: Mi formación fue autoformación a partir de lectura, visionando películas, reportajes, hablando con gente más versada y experimentada que yo hasta que decidí empezar a practicar poco a poco y con precaución.

¿El Amo es quien elige a su sumiso o viceversa?

SUMISA: La sumisa elige a su Amo, es ella quién decide en el último momento, aunque el Amo ha de dejar ver ese interés.

AMO: La sumisa elige en última instancia al Amo. Si no fuera así, cualquier Amo elegiría a cualquier sumisa.

No me gustaría pensar que la sumisa que yo eligiera podría haberle dicho que SÍ a otro Amo cualquiera. No tendría valor para mí.

¿Qué espera un amo de su sumiso?

SUMISA: Entrega, eso espera un Amo de un sumiso.

AMO: Hablo en masculino porque normalmente hay más Amos que Amas. Un Amo espera de su sumisa ENTREGA y dedicación. Todo lo demás surge según el Amo vaya demandando más y más a la sumisa dentro de sus posibilidades y capacidades.

Aunque he leído que en todo momento el control de una relación Amo/Sumiso, la tiene el sumiso... ¿No está igualmente indefenso un sumiso, cuando lo atan y lo amordazan?, el Amo puede no escuchar al sumiso cuando este dice la palabra que detiene todo.

SUMISA: Las sesiones con un Amo son progresivas, ningún Amo empieza por algo así, y cuando las sesiones son más duras para probar limites o similares, el Amo y la sumisa se conocen tanto que el jamás sobrepasará la línea que sabe que su sumisa no es capaz de cruzar. ¿Cómo decirlo? Llega un punto que una sola mirada dice más que una palabra.

AMO: Excepciones hay en todas partes. En la dominación hay de todo.

Conocemos programas como El adiestrador de perros, ¿no? ¿Cuántos perros son los que dominan a su Amo o lo tienen aterrorizado? Conocemos programas como El Hermano Mayor. ¿Cuántos hijos/as son los que dominan a sus padres?

¿Cuántos empleados se han ganado a sus jefes?

Una cosa es SER dominante, y otra creerse dominante.

En la inteligencia emocional, sabemos que hay mucha cantidad de "colores". Todos conocemos de parejas, en las que es el hombre el que piensa que manda, cuando en realidad se deja acaramelar por su pareja, que es quien en última instancia convence al hombre. O viceversa.

El control, por tanto, lo puede tener uno de ellos o los dos, en diferentes planos y proporciones. En todo caso, si el control poco a poco deja de tenerlo un Amo, corre riesgo de que la sumisa lo deje por falta de interés, ya que buscará alguien que la tenga bien adiestrada.

Y es que hay Amos, y quien va de Amo. Quien es sumisa y quien va de sumisa.

En cuanto a que un Amo no se detenga en sesiones de cuerdas o de sadomaso como el spank, etc., es algo que hay que tener cuidado. Si es la primera vez, es aconsejable que la sumisa tenga un teléfono a quien un amigo/a pueda llamar y que sepa dónde está por si ese "Amo" se sobrepasara. Si un Amo no para en la palabra clave "negro". Cuando lo dice una sumisa porque ha llegado a un límite, corre el riesgo de que la sumisa lo abandone (y si es algo grave, claro, la correspondiente denuncia), aunque no conozco casos sobre el tema.

No quiero dar una mala imagen del BDSM en este sentido. Es verdad que hay gente que disfruta del dolor porque son enfermos mentales y sádicos muy violentos, no digo que no. No es que el BDSM sea de enfermos, pero no se puede evitar que algunos de ellos entren en el BDSM, igual que entran pederastas en la Iglesia, o que entren como monitores deportivos, o entrenadores de equipos juveniles... Al que le guste la pederastia tiene campos donde campar a sus anchas. Los violentos tienen también más posibilidad de hacer daño en un mundo como el BDSM. Para ello, es fundamental conocer bien a la persona y tener siempre a alguien cerca las primeras veces para asegurarse.

Aún así, en 6 años que llevo en este mundo, no he conocido casos de denuncias por malos tratos. No digo que no las haya. Pero las hay en todos *los planos de la vida, familiares, laborales, etc.*

¿Eres Sumisa / Amo en todo momento o solo en la intimidad del sexo?

SUMISA: *Soy sumisa en todo momento con mi Amo, el resto del mundo no lo es para mí, y por tanto mi rol queda para él.*

AMO: *Ser Amo es algo que se nace, pero también que se hace. Ser Amo sólo en el sexo, no es ser Amo, es sólo ser un hombre que le gusta "la caña".*

¿Qué esperas de tu Amo / Sumisa?

SUMISA: *Espero de mi amo, protección, dedicación, atención, poder...*

AMO: *Espero de mi sumisa, Entrega.*

¿Qué ofreces a tu Amo/ Sumisa?

SUMISA: *Ofrezco a mi amo la perfección.*

AMO: *Ofrezco a mi sumisa dominación, cuidado, adiestramiento y guía. Luego, dependerá de la sumisa, como persona, puede haber una amistad o algo más.*

¿La relación con tu Amo, es de amiga/pareja o solo compañero/a sexual?

SUMISA: *La relación Amo/sumisa se basa en la confianza, por tanto podría ser como cualquier relación fuera del BDSM.*

AMO: *Repito que el sexo no es el objetivo de la sumisión, sino una herramienta como puede ser también el bondage o el sadomaso, o el spank, etc.*

Ser pareja o no además de eso, es algo indiferente.

¿Alguna vez has iniciado a un sumiso?

SUMISA: He ayudado a alguna sumisa a liberarse de ciertos miedos, pero nunca he sido tutora, más bien, amiga.

AMO: A unas cuantas. Por individual o en grupo (en conceptos teóricos y con tareas a distancia).

Mucha gente considera estas prácticas un tipo de maltrato ¿Qué opinas?

SUMISA: Que cuando consientes no es maltrato, jamás me he sentido maltratada, al contrario, un Amo sabe muy bien cómo tratar a su sumisa.

AMO: Que las opiniones son como las narices, todo el mundo tiene una. Unas más bonitas que otras.

¿Qué juegos sexuales prácticas? ¿Cuáles son tus favoritos? ¿Los Amos comparten sumisos?

SUMISA: Para mí no son juegos sexuales ya que no todas las sesiones acaban en sexo, tampoco son juegos en verdad... Mis prácticas favoritas es buscar ese límite y comprobar que los límites están para superarlos y crecer.

Respecto a la pregunta de compartir... nunca he dejado que me compartan, mi entrega es hacía mi Amo, no creo que otro deba tener esa atención por mi parte.

AMO: No he compartido sumisa con otro Amo. Sé que algunos lo hacen. No es mi prioridad.

¿Es habitual marcar a los sumisos con algún collar u otra cosa?

SUMISA: *Suelen hacerlo, ya que para muchas sumisas es un símbolo de compromiso.*

AMO: *Sí. Es como poner una alianza. Normalmente es un collar con una plaquita y una inicial u otras inscripciones.*

¿Existen muchos lugares en España para practicar el BSDM?

SUMISA: *Más de los que la gente creería, sobre todo en las capitales.*

AMO: *Sí, pero difíciles de encontrar. Hay más en las ciudades grandes como Madrid, Barcelona, Valencia, Málaga…*

¿Aparte del sexo extremo, tienes sexo normal o vainilla como se le conoce? ¿Lo disfrutas?

SUMISA: *Por supuesto.*

AMO: *Sí, por qué no.*

¿Tu entorno sabe que practicas el BSDM?

SUMISA: *Siempre. Al menos las personas que me importan y a las que importo.*

AMO: *Parte de él*

¿Alguna vez tuviste un problema con algún juego de BSDM que acabará mal?

SUMISA: Nunca.

AMO: Nunca.

¿Se deja de lado el amor en estas prácticas sexuales, o no puedes separarlos?

SUMISA: ¿El amor? No creo que yo fuera capaz de amar a mi Amo como a una pareja "vainilla", el trato y las vivencias son completamente diferentes, pero si se le ama de otro modo, si no... no pondría mi confianza en él.

AMO: Se pueden separar o dejarlo claro al comienzo.

¿Has conocido a alguna pareja, que haya querido iniciarse en este mundo de sexualidad extrema para salir de la monotonía?

SUMISA: Muchas, pero casi siempre se aburren también de esto.

AMO: Sí. Bastantes. Y ahora con la literatura que está de moda, normalmente es la mujer la que propone esos juegos al marido o pareja para salir de la monotonía, pero no suele salir de la cama esa "dominación" ya que los hombres no suelen leer esa literatura (ni otra que sea de BDSM) y no captan el mensaje de "dominar".

¿Practicas solo en tu casa, en locales destinados a ello, o en ambos sitios? ¿Usan su nombre verdadero o un seudónimo?

SUMISA: Se practica según abres los ojos y hasta el momento de cerrarlos cada día, no dejamos de ser nosotros, es algo que está ahí. Las sumisas usan el nombre que su Amo les pone.

78

AMO: Cada Amo decide si puede o no hacerlo en casa (no siempre las parejas son susceptibles a practicarlo). Casi todo el mundo en Facebook al menos, usa pseudónimos. Espero que en unos años seamos un poco más "europeos" y haya más libertad de pensamiento y menos enjuiciamientos al respeto, aunque ni siquiera los holandeses (supuestamente más "modernos" y "avanzados" que nosotros, en cuento a libertad y prejuicios) lo han demostrado, teniendo el caso del Juez SM (hay un película basada en ese caso real, aconsejable para que la vean) donde aún la "moralidad" está por encima de la "libertad" personal de lo que hace cada uno en su vida privada.

¿Has leído alguna novela erótica de BSDM?

SUMISA: Si, varias.

AMO: No. Más bien escribo relatos.

¿Alguna de ellas muestra la imagen real de lo que es y/o hay dentro de ese mundo?

SUMISA: Desde mi punto de vista y después de once años en esto… no, alguna lo deja entrever, pero no, ni por asomo lo narran.

AMO: Por lo que tengo entendido no, porque se quiere VENDER y para ello se dirige a todo un público capaz de comprar por lo que hacerlo demasiado "realista" restaría margen de ventas.

Algo así pasa con "9 semanas y media". Es una película como sería la de Grey, o "Secretary (2002)". Si fueran más "explícitas" las imágenes, tendrían un público menos numeroso.

Quiero recordar que "9 semanas y media" fue censurada en USA siendo "Clasificada S" cuando en Europa no fue así y por eso tuvo más éxito aquí que allí.

Ambas son películas de BDSM. No creo que siendo americana, sean muy explícitos en las escenas sin ser censurada.

¿Qué piensas de la trilogía 50 sombras de Grey?

SUMISA: Creo que particularmente no es un libro que esté bien escrito, es una lectura fácil ya que las ansias del lector por ver la parte más morbosa hacen que se lea rápidamente. ¿Sobre el BDSM? Como dije antes, insinúa… nada más… Y creo que poca gente se da cuenta de la posición en la que el autor pone al protagonista como Amo: ¿Un hombre traumatizado por un maltrato en la infancia que se convierte en Amo? Mmmm, no me gusta.

AMO: No la he leído. Pero según me cuentan, es el cuento de cenicienta para mayores. Una novela erótica pensada por una mujer para las mujeres donde el hombre es JUSTO lo que una mujer desea tener. Un tío que te lo da todo, y que le gusta "la caña".

Por último, me gustaría que en pocas palabras me dijeras ¿De qué manera te cambió el entrar en mundo del BSDM?

SUMISA: No me cambió, descubrí lo que era al poco de cumplir la mayoría de edad cuando aún no sabes lo que es "el mundo" y con ello crecí y aprendí a ser fuerte, a saber que nada puede hacer que cambie, y a elegir cada día lo que me hace feliz.

AMO: Por un lado era una parte de mí que por fin descubrí que tenía y me alegro de haberla sacado a flote. Por otro lado el poder haber ayudado, formado, informado y asesorado a mucha gente que entraba con mucha hambre de saber y con muchas posibilidades de haberse topado con cualquier elemento que podría haberles hecho daño, más psicológicamente que moralmente.

¿Algo importante que quieran agregar?

SUMISA: Creo que solo queda por añadir, que Amos y sumisas antes de ser "eso" son personas, merecen respeto por ello y nadie debería tachar de enfermedad una cosa que hace que sus vidas sean completas, aunque quizá sea eso mismo, hay demasiadas personas vacías que necesitan juzgar por no ser felices.

Así que mi última frase sería esa:
Por favor, sean felices, busquen esa felicidad y no juzguen nunca, ya que, quizá mañana, sean ustedes los que hagan algo que jamás pensaron hacer.

AMO: Bueno, en este mundo, hay mucha gente que sólo quiere ligar y llevarse a alguien a la cama y si quiere jugar a ser Amo o sumisa, que lo hagan si lo desean. Están en su derecho. Ánimo y que consigan resucitar su relación de pareja o la forma de ver el sexo. La dominación es algo más mental y diría casi que a veces espiritual. Y una última cosa sobre todo para las sumisas… Antes de entregarse a un Amo hay que informarse, informarse e informarse. Hablen con mucha gente, tanteen a unos y a otros, lean y vayan a lugares como espectadoras.

Quiero reiterar mi agradecimiento a los dos por dedicar su tiempo y permitir que muchas personas conozcan un poco, ese mundo de placer o estilo de vida, que es malinterpretado muchas veces.

AMO: Gracias. Y repito, que el BDSM no es sexo extremo. Es que hay gente de sexo extremo dentro del BDSM.

Después de leer las respuestas me he dado cuenta…, que las personas que no conocen esta subcultura o comunidad, cuando ven una imagen como esta, enseguida piensan que

es humillante, pero ¿Para quién es humillante?

Solo para los que no entienden y juzgan, porque para los que viven esta cultura, es confianza, entrega, poder, placer, límites...

En resumen, es una forma de vida consensuada por las personas que la disfrutan. Entonces, ¿Quiénes somos para juzgar?

De todo lo expuesto queda claro que BDSM no es sadomasoquismo, no necesariamente tiene que llevar el dolor implícito, es mucho más, es lo que cada pareja quiera que sea..., el límite lo ponen ellos.

Elizabeth Da Silva

Tras reproducir por completo la entrevista de nuestra querida Elizabeth Da Silva, incluida su opinión no puedo por más que hacerme algunas preguntas:

1.- ¿Está bien dominar a otra persona?

2.- ¿En qué lugar deja este modo de vida la lucha por la igualdad de derechos?

3.- ¿Es lícito el deseo de protección por un Domine?

4.- ¿Es ético que una persona decida por otra?

5.- ¿Qué es el límite del dolor? ¿Es doloroso? ¿El dolor no era un síntoma de que algo iba mal?

5.- ¿Cómo se protegen las sumisas o sumisos de esos desalmados de los que hablaba el Amo?

6.- ¿Dónde queda el Amor en esta ecuación?

7.- ¿Que te anillen con un collar no recuerda a momentos

dignos de ser superados como la esclavitud?

8.- ¿Es sano jugar a la sumisión, la violación, la esclavitud?

9.- ¿Estoy haciendo preguntas que encierran la respuesta por mi visión de estas prácticas?

10.- ¿Por qué tengo esta predisposición, porque no tengo amplitud de miras sexuales o porque me preocupa la libertad, la educación social y las consecuencias de jugar con actitudes perniciosas para la igualdad de oportunidades y el respeto entre las personas?

11.- Realmente, ¿estas prácticas corresponden a una cultura?

Capítulo X: Xamu Dubi

Durante los meses que he estado investigando sobre el BDSM he realizado las siguientes preguntas a profesionales y ciudadanos variopintos. Los resultados están siendo desplegados poco a poco según desgranamos temas, sin embargo, he decidido reproducir esta entrevista por tratarse de una autoridad en la materia, un compañero de profesión, Educador Social, máster en Sexología, se trata de Xamu Dubi que trabaja como profesor en el Instituto de Sexología INCISEX, postgrados avalados por la Universidad de Alcalá de Henares:

— ¿Crees que el sadomasoquismo es una opción sexual?

—Para poder responderte a esta pregunta, necesitaría saber a qué te estás refiriendo con "opción sexual". Dentro de las muchas vías que se han seguido en la lucha histórica por desactivar el concepto de sexo, para no hacerlo pensable (y con ello, sus contundentes consecuencias en la llamada igualdad de hombres y mujeres, los sexos), destaca la que se basa en llevarlo a la conducta. Así, pareciera que esto del sexo (y por ello lo sexual) va de hacer cosas y, como epicentro o práctica por antonomasia, follar.

Así visto, como conducta, la respuesta sería que obviamente sí. En los terrenos de las excitaciones, se eligen hacer las cosas que se hacen. Otra cosa distinta sería que no se estuviera hablando de conductas o prácticas, sino de deseos. Y aquí ya nos meteríamos en otros terrenos más densos, lo que se desea no se elige sino que se descubre.

Una vez descubierto (o intuido) llevarlo a la práctica o conducta (volvemos al punto anterior) sí que se decide. Esto la iglesia, por ejemplo, lo sabe bien. De ahí que digan que no tienen nada contra los homosexuales (refiriéndose al deseo: "pobres, no han elegido este demoníaco mal") pero sí contra la homosexualidad (refiriéndose a la conducta: "una cosa es que tengas el mal dentro y otra que practiques el mal").

Pero también podría ser que con "opción sexual" no nos refiramos a los sujetos protagonistas de esos deseos y comportamientos, sino al resto. De ahí que se necesite saber si es opcional o no con el fin de prohibirlo o permitirlo, algo así como "si es porque eligen, porque quieren, pues no. Viciosos los justos. Ahora bien, si es porque lo necesitan..."

Al ser un planteamiento realizado desde una pretendida superioridad moral (de mores, de costumbres y en último término, de actos) ni entro en ella pues cae por su propio peso (histórico).

La otra parte de la pregunta es el sadomosoquismo. Un gran profesor nos decía que "hay que ser verdaderamente inteligente para ser sádico". Y es que el bueno de Sade apenas hizo algo (desde la conducta) salvo imaginar y escribir lo que imaginaba. Sucedió que a la moral de entonces le pareció peligroso lo que decía (luego entro mínimamente en esto) y, como resultado, estuvo más tiempo en la cárcel (lugar donde escribió prácticamente todo) que fuera. ¿Qué es lo que decía? Como buen libertino, contaba cosas que trasgredían el orden impuesto y, aquí viene tal vez lo más interesante y desconocido, logró hacer más por "la mujer" que muchos de nosotros al conceptualizarla como sujeto. Un sujeto que se convertía en tal, a través del placer. Con lo cual fueron dos grandes bombas de relojería: eso de que la mujer era un sujeto (inaceptable entonces) y que, además, lo hacía a través de los placeres de la carne (inaceptable entonces).

Lo cómico (por decirlo de alguna manera) es comprobar constantemente cómo aquella vieja y rancia moral sigue tan presente (aunque bien disfrazada y silenciosa) en los tiempos actuales cuando se piensa, por ejemplo, en el sadomasoquismo.

¿Qué hay de Sade en el sadomasoquismo actual? Prácticamente nada. Personalmente me resulta un chiste de mal gusto denominar (o autodenominarse) sadomasoquismo a las prácticas que hacen. Ahora bien, el sadomasoquismo más auténtico, todavía conserva dos grandes valores de Sade:

- Lo más central e importante sucede en el imaginario de cada cual (léase universo simbólico).

- Buscan que su propia liberación, trascendencia, éxtasis o alternativa sea lo que signifique (de nuevo lo simbólico operando) de su existencia material.

En general, cualquier conducta, deseo, idea, en resumen, existencia, alejada de los cánones normativos ha sido sistemáticamente considerada pecaminosa, patologizada o delictiva dependiendo del momento histórico en el que se produjera. De hecho, no es infrecuente ver dos o incluso a las tres de la mano en la actualidad (pederastia, sodomía, masturbación en público, etc.)

— **¿Qué consecuencias psicológicas tiene en los amos y en los esclavos?**

—A esta pregunta me temo que no puedo responderte pues mi marco teórico no es la psicología sino la sexología. Así que tan solo puedo hablarte de consecuencias sexológicas. Y, dentro del campo teórico, hasta el momento no he tenido constancia de consecuencia alguna por el hecho de estos comportamientos (u otros).

En sexología tenemos una máxima: lo importante no es lo que se hace (o no se hace) sino cómo se vive aquello que se hace (o no se hace). Si se hace desde los deseos o desde los deberes. Si se hace coherentemente o sin coherencia. Una máxima que, obviamente, es aplicable a esto porque se aplica a toda práctica de la que se espera disfrutar o se busca la satisfacción.

Y vamos viendo que quienes no hacen lo que les apetece y desean, en coherencia con ellos mismos sino que hacen lo que se supone tienen que hacer, terminan manifestando insatisfacciones y malestares de lo más variados y diversos. De hecho, a pesar de la crisis económica, las consultas de sexología están llenas de esta tipología de malestar.

Con respecto entonces a la pregunta reformulada, mi respuesta sería: en la medida que hagan lo que desean, ninguna. En otro caso, la consecuencia podría llegar al malestar o insatisfacción en el encuentro con el otro.

— ¿Crees que los nuevos grupos de BDSM tienen paralelismo en los grupos sectarios destructivos?
—No.

— ¿Es fácil determinar cuando una persona es humillada y golpeada por propia decisión?

—En realidad esta pregunta es tramposa pues únicamente cabe una respuesta: no. Es más, no es que resulte fácil o difícil sino que es del todo imposible. Un tercero, ajeno al sujeto, jamás podrá determinar nada sobre otro en un proceso que no pase por la interpretación (desde su propio marco teórico).

En sexología, como en educación (social), no nos movemos en los terrenos de la interpretación para conocer las razones internas de los actos sino en la comprensión, que es nuestra metodología de trabajo proveniente de la Verstehen alemana de principios de siglo XX. La comprensión requiere del relato del otro y, por tanto, se basa en preguntarle. ¿Puede estar mintiendo? ¿Puede pensar que es su decisión y ser falso? La suspicacia no es nuestra aliada en ningún momento y agarrarnos a ella nos lleva a los peligrosos terrenos del inconsciente, el subconsciente y, en mayor grado, a la imbecilización e infantilización (con perdón de la infancia) del otro. Que alguien piense, desde la posición privilegiada que falsamente cree que le da su saber experto, que sabe más del otro que el propio sujeto es, sin lugar a dudas, repugnante.

Ahora bien, ¿Podemos hacer pensar al otro que estaba equivocado? ¿Podemos hacer creer al otro que pensaba que era su propia decisión pero no? Por supuesto que podemos y, lamentablemente, se hace constantemente. Básicamente es el ejercicio sistemático que realizan los llamados terroristas terapéuticos. Una pregunta más explícita ¿Es fácil convencer a una persona que está siendo humillada y golpeada sin ser, de verdad, su decisión? Sí.

— ¿Estaría esta persona incurriendo en un comportamiento patológico?

—Ésta es la base y la materia prima para la invención de

enfermedades y trastornos tan en boga actualmente (y que ya Foucault lo apuntó lúcidamente). Primero ninguneamos su voluntad, le preguntamos pero es mera fachada. Si su respuesta no concuerda con nuestra hipótesis ponemos encima de la mesa el inconsciente donde el sujeto ya queda absolutamente anulado. Así que decidimos que inconscientemente no quiere. Lo dice, pero no es verdad. Paralelamente nos hemos ocupado de definir esa conducta como enferma, peligrosa, delictiva o pecaminosa (parecen cosas distintas pero son los mismos operando desde distintos "poderes" sociales y políticos). Si persiste en la conducta lo denominamos comportamiento patológico y punto.

¿Alguien se ha preguntado si ayudar al prójimo puede ser un comportamiento patológico? Ya que en realidad, puede que no sea su decisión sino que le hayan inculcado eficazmente eso.

Capítulo XI: "Las Sombras de Grey"

Las prácticas, poses y estéticas BDSM han dado mucho juego a lo largo de la historia del arte. La curiosidad y el morbo que causan estas personas cuyo sentido de la sexualidad limita con el concepto generalizado de comportamiento aceptable ha cautivado a no pocos que de manera subrepticia, buceando como espectadores en las obras de otros que han trasgredido los convencionalismos para mostrar públicamente sus fantasías e inquietudes.

Es de todos conocidos el boom de ventas que ha obtenido la trilogía de las "Sombras de Grey", esta publicación ha encontrado un filón revistiendo de romanticismo, según palabras de la escritora Regina Roman, la anodina existencia de Ana, llenando las cabezas de incoherencias y deseos (sobre todo económicos). Presenta un Dom que regala deportivos Europeos a su sumisa, le compra las ropas más caras, una empresa para que se desarrolle profesionalmente, teniéndola entre obras de arte. Ese cumplir los deseos materiales de la escala de valores actual nos lleva a encontrarnos con amas de casa babeando por un guapo e intelectual sádico que se gasta un dineral en una sumisa para darle con una fusta de ante en el "chichi" sólo y únicamente cuando ella tenga cuerpo.

Esta historia no hay quien se la crea desde el punto de vista BDSM, es descafeinada, irreal y sobre todo hace creer que cualquiera debe aguantar estas prácticas por estar con Christian Gray y es que **él no existe**, es un personaje, no muy bien construido por cierto, que se tambalea entre la sumisión y el sadismo y que cambia su sexualidad y le es suficiente con el sexo vainilla sólo por amor, ¡vamos, anda!

La Catedrática de la UNED Ángeles de la Concha dio una clase magistral titulada "Cincuenta Sombras de la Igualdad", http://www.youtube.com/watch?v=YVff8ruqVHM acertadísimo título para una conferencia sobre las dificultades reales de la mujer en nuestra sociedad, del riesgo que corremos al creer que hemos conseguido la igualdad, de forma que no la valoramos ni somos conscientes de lo que ha costado cuando jugamos a conductas de protección, sumisión, cuando nos adormecemos y nos dejamos acunar por estereotipos femeninos y lo hacemos por propia decisión, supuestamente.

La catedrática hablaba de la citada famosa trilogía como la herencia de la "Chick Lit"(opinión de la Catedrática, según Regina Roman, la Chick Lit es en España la Psicocomedia), género romántico con millones de seguidoras en la que una protagonista guapa, inteligente, cándida y de origen modesto seduce a un guapérrimo chico, obscenamente rico y con un punto perverso, con una peripecia tan manida que sería insoportable si no fuese por el morbo del porno blando, unido a la fantasía del juego de dominación y violencia. En ese punto, se fabula el nuevo romance de la igualdad y la libertad, la chica se equipara en deseo, en demanda y si se somete a su violencia y su control es porque ella quiere, porque va descubriendo que la sumisión la excita. Esta situación se nos presenta normalizada, nos gusta a las mujeres, nos hace pensar que controlamos y podemos salvar al controlador, al dominador de su patología, de sus propios impulsos.

Control, violencia sexual libremente elegida son motores de esta trilogía sin tener en cuenta un problema social grave de malos tratos en la familia, que mata a diario a mujeres en todo el mundo, un abuso que se considera inevitable, esta violencia es acogida en estos textos porque el aderezo "sexi" la convierte en seductora, el sexismo se hace "sexi". La novela erótica ha existido siempre como literatura de culto, nada que objetar, el problema es que aquí se convierte en objeto de consumo y se celebra como representación de la mujer moderna, reconciliando cuestiones irreconciliables, facilitando la interiorización de la "normalidad" de estas situaciones.

Capítulo XII: En las artes, pinceladas

Hay una tradición de obras sadomasoquistas que evidencian un interés de la sociedad occidental por estas prácticas. En la encorsetada sociedad británica se produjo un desarrollo importante durante la época colonial, desde finales del siglo XVIII a finales del XIX, especialmente la llamada Disciplina Inglesa, la flagelación que se convirtió en un fenómeno social generando bastante literatura y obras plásticas, destacamos novelas como "Fanny Hill" de John Cleland o "A Full and True Account of the Wonderful Misión of Earl Lavender", de John Davidson.

En Francia tuvieron como precursor al ya mencionado Marqués de Sade dando como resultado una gran cantidad de libros centrados en la flagelación erótica entre los siglos XIX y las primeras décadas del XX, con autores como Aimé Van Rod, Jean de Villiot, Jean de Virgans o Jean Fauconney.

En España también se produjeron algunas incursiones en el tema antes de la Guerra Civil pero no con la misma intensidad que en otros países europeos. Sin embargo, cabe destacar su renacimiento con algunas producciones en la época democrática, novelas como "Las Edades de Lulú" de Almudena Grandes, "El amante Lesbiano" de José Luis Sampedro, "La Sumisa Insumisa" de Rosa Peñasco (2008) o "La Mujer de Sombra" de Luisgé Martín.

La plasticidad de las imágenes con cordajes, cueros, antifaces, ropas y calzados fetiches está dando su fruto en una gran producción de fotografías, pinturas y la nueva corriente de materiales variados y combinados. En Alicante se celebra un concurso de Fotografía y Pintura BDSM que me recuerda al gran pintor Francis Bacon (1909-1992) que mostró su vis sadomasoquista en su obra, producto de su intensa y tormentosa vida amorosa en sus relaciones homosexuales. Según cuenta el biógrafo John Richardson, el comportamiento del artista británico tuvo consecuencias terribles para su amante Goerge Dyer, que terminó suicidándose. Bacon fue maltratado en su infancia por su tendencia a transformarse con ropa interior femenina y con posterioridad estuvo involucrado en el mundo de la prostitución para seguir con su arte, manteniendo relaciones tanto sádicas como masoquistas, llegando a las lesiones con necesidad de asistencia médica en algunos casos, el pintor inmortalizó el suicidio de su amante, lleno de distorsión por la culpabilidad. También Madonna, grabó el disco Erótica y publicó el libro de fotografías Sex, donde ella encarna a una femme fatale al estilo de Marlene Dietrich, de hondas connotaciones BDSM.

El cine siempre ha tratado de reflejar los aspectos más extremos de la sexualidad con objetivos moralizantes o simplemente documentales desde sus inicios. En 1908 Johann Schwarzer ofreció escenas suaves en su "Mercado de Esclavas". En 1922 la cinta italiana "Saffo e Priapo" presentó imágenes lésbicas con sumisión erótica y flagelación. "Woman of the World" se estrenó en 1925, la película americana de Malcom St. alude a un escenario hoy considerado BDSM, con dominación femenina y flagelación, haciendo tambalear los fundamentos morales más oficiales, pervirtiendo la voluntad de un juez reprimido y represor. En 1934 Bette Davis interpreta a una mujer que somete a vejaciones hasta la muerte a un hombre masoquista en "Of Human Bonge", no muestra escenas eróticas, sólo de dominación psicológica de gran intensidad, más perturbadora que muchas prácticas sexuales.

A partir de los noventa se empiezan a agrupar todo tipo de prácticas y conductas en una "way of living", algo más que sexo en films como "The Passion of Life" de Roland Reber, "¡Átame! de Pedro Almodóvar", "Hustler White"de Bruce la Bruce, "Female Misbehavior" de Monika Treut, "Lunas de hiel" de Roman Polanski, "Tokyo Decadence" dirigida por Ryu Murakami, "Body of Evidence" con Willem Dafoe y Madonna, la fetichista "Enciende mi pasión" de José Ganga, la fantasiosa "Exit to Edem" basada en la novela de Anne Rice, la también adaptación al cine de "Venus in Furs" de Polanski, un documental británico-americano dividido en secciones por contenido titulado "Fetishes", la prohibida en diversos países "Crash", la moralista "Preaching to the Perverted", "Bámbola" de Bigas Luna, la historiográfica "Tops and Bottoms" que recorre los orígenes del BDSM, la polémica "Asesinato en 8mm"considerada discriminatoria y marginal, "Marquis de Sade", la biográfica "Wildly Available" sobre la dominatrix neoyorquina Tanya Cheex, "Quills" con un reparto excepcional que cuenta los encarcelamientos y recursos del marqués de Sade, la coreana "La Isla", el documental "Beyond Vanilla" muestrando escenas de sumisión de una manera formativa, "Surrender" dirigida por Katherine Brooks, "Bettie Page: Dark Angel" sobre los tres últimos años de vida de la popular modelo de fotografía fetichista y de bondage, "Ecstasy in Berlin 1926" ejemplo de fetichismo de los pies y el spanking, "Sadomaster" única aportación del cine argentino a esta filmografía, "Lunacy" basada en dos relatos de Edgard Allan Poe y en la obra del Marqués de Sade, "24/7 - The Passion of Life" que muestra la peculiar forma de vida veinticuatro horas siete días a la semana, "Bathory", sobre la aristócrata austro-húngara cuyos sádicos rituales fueron los causantes de la muerte de más de 500 jóvenes aldeanas, "Sexo en secreto" de Documentos TV, " Adution", "Bitter Helena" y muchas, muchas más donde o bien se emplean estos comportamientos como trama principal o bien como tema secundario, conteniendo escenas más o menos explícitas.

Además hay un gran número de cintas famosas en las que se respira ambiente BDSM como "El Último Tango en París", "Emanuelle", "Instinto básico", "Eyes Wide Shut", "La Naranja Mecánica", "Personal Services" y la filmografía de Luis Buñuel. También, en las conversiones cinematográficas de algunos clásicos españoles, como Ramón Gómez de la Serna, Emilia Pardo Bazán, Ramón María del Valle-Inclán, las películas de Federico Fellini, Fassbinder, Stanley Kubrick, Carlos Saura, Ingmar Bergman o "El graduado" aunque ni los mismos seguidores de esta cultura o contracultura se ponen de acuerdo en lo que es BDSM, lo que debiera ser y lo que los "vainilla" pensamos que es, en mi opinión porque sería ponerle "puertas al campo".

Conclusión

Concluyo que es realmente difícil concluir en este tema, que no me atrevo a expresar una opinión porque seguro que al elaborarla acabaría haciendo un reduccionismo injusto. Tampoco es cuestión de aprobar en masa todo lo que tiene que ver con el BDSM por ser "guay" y síntoma de libertad o modernidad, ya que en muchos casos son prácticas de riesgo por más que sean consentidas, también me rechina la idea de aprobar que la gente se divierta regodeándose en el dolor físico o humano o en la dramatización de ellos, jugando a la esclavitud y al sometimiento, lo mismo me pasa con la Tauromaquia.

Me planteo si debo hacer algo, pues la verdad es que si no tengo clara mi conclusión quién soy yo para intentar imponer unas ideas que sólo se sintetizan en dudas. Valoro el hecho de que estas prácticas se hagan entre adultos, que se consensuen, al menos espero que sea así. Y espero que me perdonen las personas que lean este escrito y piensen que no las he comprendido, es verdad, no he comprendido cómo desde nuestro humanismo civilizado podemos no ya desear, sino defender estas prácticas. Pero no os preocupéis, mi percepción no es importante y vuestra libertad está por encima de mi suspicacia.

Con todo el respeto.

Ana E.Venegas

Agradecimientos:

A los médicos de familia José Luís Rodriguez Pineda, Rafael Garófano.

A los Psicólogos Antonio de Dios González, José Miguel Cuevas Barranquero y

Paloma Grande

A "Pilar", Sira Cullen, Policía Nacional

A la Consultora Familiar de Valora Consulting Mavi López

A la escritora de psicocomedia Regina Roman

A la escritora de erótica y romántica Elizabeth Da Silva

Al poeta y escritor de novela negra Alejandro Pedregosa

Al Educador Social y Master en Sexología Xamu Dabi

A la Catedrática de la UNED Ángeles de la Concha

A nuestro asesor legal José Antonio Correa

Al diseñador de la portada y contraportada José Antonio Correa Venegas

www.ingramcontent.com/pod-product-compliance
Lightning Source LLC
Chambersburg PA
CBHW070548290526
45790CB00002B/603